DATE DUE

VOLTAIRE

MICROMÉGAS, CANDIDE, L'INGÉNU

DU MÊME AUTEUR
AUX ÉDITIONS SEDES

Stendhal : *Le Rouge et le Noir*

Les Destinées d'Alfred de Vigny

Sylvie de Gérard de Nerval

Aurélia de Gérard de Nerval

Alfred de Musset : *Les Caprices de Marianne*

Alfred de Musset : *On ne badine pas avec l'amour*

Flaubert : *L'Éducation sentimentale*

Baudelaire critique d'art

P.-G. CASTEX
Membre de l'Institut

VOLTAIRE

MICROMÉGAS, CANDIDE, L'INGÉNU

Nouvelle édition, revue et mise à jour

SOCIÉTÉ D'ÉDITION D'ENSEIGNEMENT SUPÉRIEUR
88, boulevard Saint-Germain
PARIS Ve

ISBN 2-7181-0443-0

INDICATIONS PRÉLIMINAIRES

Le présent volume est né d'un cours de Sorbonne, professé en 1958 et plusieurs fois polygraphié depuis lors. Nous avons conservé les cadres de ce travail, mais nous en avons revu la rédaction et mis à jour l'information. On trouvera dans les dernières pages une Bibliographie méthodique, arrêtée à l'année 1982.

Micromégas, Candide, L'Ingénu : ces trois récits de Voltaire illustrent trois moments dans l'histoire de sa pensée et de son art. Nous les considérons chacun à sa date, et nous les éclairons tous trois par les circonstances de leur genèse, en soulignant avec quelle continuité s'inscrit, d'une œuvre à l'autre, la marque propre de l'esprit voltairien.

MICROMÉGAS

I - LE PROBLÈME DE LA DATE

Un débat a été ouvert sur la date où Voltaire a composé *Micromégas.* Trois dates différentes ont été fournies par les divers commentateurs : 1752, 1747, 1739. Il est nécessaire de peser les arguments invoqués de part et d'autre. Ainsi a procédé M. Wade dans son édition critique, donnant à cette occasion un excellent exemple de méthode. La question n'est pas oiseuse, si nous voulons définir la véritable portée de l'œuvre et la montrer dans son vrai jour.

A - CRITIQUE EXTERNE

1. Plusieurs érudits se sont prononcés en faveur de 1752 : Lanson, dans son *Voltaire* ; Bellessort, dans son *Essai sur Voltaire* (1925) : « Quand il écrivit son *Micromégas,* en 1752, Voltaire était à Berlin » ; Norman Torrey, dans son *Spirit of Voltaire* (1938) : « Les quelques années de son séjour à Berlin furent exceptionnellement fructueuses : outre qu'il publia *Le Siècle de Louis XIV,* Voltaire trouva le temps d'écrire *Micromégas* » ; W. H. Barber dans « The Genesis of Voltaire's Micromégas » (*French Studies,* 1957).

Cette opinion s'appuie sur le fait que *Micromégas* a été, effectivement, *publié* en 1752. Mais la date de publication n'est pas toujours la date de composition. Dans le cas particulier, Voltaire lui-même nous incite à distinguer, car une lettre du 5 juin 1752, de peu postérieure à la publication du conte, le désigne comme une « ancienne plaisanterie ».

M. Van den Heuvel s'est attaché à montrer (*Voltaire dans ses contes,* 1967) que la date de 1752 doit décidément être écartée.

2. Plus forte est la tradition qui date *Micromégas* du temps du séjour de Voltaire à Sceaux, chez la duchesse du Maine, en 1747. Cette tradition a été défendue, dans la seconde moitié du XIXème siècle, par le célèbre biographe de Voltaire Desnoiresterres et par son non moins célèbre bibliographe Bengesco, les plus hautes autorités à l'époque. Elle repose sur deux arguments essentiels. D'abord sur le témoignage de Longchamp, qui fut le secrétaire de Voltaire, en particulier au temps de Sceaux, et qui, dans ses *Mémoires,* donne *Micromégas* comme l'un des contes écrits auprès de la duchesse du Maine, avec *Zadig* et plusieurs autres. Le second argument consiste en un texte de *Zadig* où paraît condensé avec beaucoup d'exactitude le thème de Micromégas (au début du chapitre VIII, *La femme battue)* : « Zadig dirigeait sa route sur les étoiles. La constellation d'Orion et le brillant astre de Sirius le dirigeaient vers le Pôle de Canope. Il admirait les vastes globes de lumière qui ne paraissent que de faibles étincelles à nos yeux, tandis que la terre, qui n'est

en effet qu'un point imperceptible dans la nature, paraît à notre cupidité quelque chose de si grand et de si noble. Il se figurait alors les hommes tels qu'ils sont en effet, des insectes se dévorant les uns les autres sur un petit atome de boue ».

Ces arguments ont un certain poids. Ils ne sont pas irréfutables. Longchamp peut avoir vu le manuscrit de *Micromégas* entre les mains de Voltaire et Voltaire a pu en donner lecture à Sceaux sans que le manuscrit soit très fraîchement rédigé. D'autre part, s'il est normal d'admettre que Voltaire soit tenté de résumer le sujet de *Micromégas,* comme il l'a fait dans *Zadig,* à une date où il a l'œuvre bien présente à la mémoire, il pouvait fort bien procéder à ce rappel à tout autre moment de sa vie.

3. A ces arguments en faveur de 1747, on doit en opposer deux, très forts, qui font pencher en faveur de 1739. D'abord l'affirmation de Luchet, auteur d'une *Histoire littéraire de M. de Voltaire* qui parut en 1780, d'après laquelle *Micromégas* fut « composé autrefois à Cirey, envoyé alors au Prince royal (c'est-à-dire à Frédéric de Prusse avant son accession au trône en 1740) et retrouvé depuis dans les papiers du Roi ». Cette indication est précise, mais on ne peut la contrôler, car le manuscrit du conte est perdu. La correspondance de Voltaire avec Frédéric fournit toutefois un second indice dans le même sens, et à la date de 1739. Voltaire, au mois de juin,

écrit à Frédéric : « Je prends la liberté d'adresser à Votre Altesse royale une petite relation, non pas de mon voyage, mais de celui de M. le baron de Gangan. C'est une fadaise philosophique... » et Frédéric répond le 7 juillet : « Mon cher ami, j'ai reçu l'ingénieux *Voyage du baron de Gangan...* il m'a beaucoup amusé, ce voyageur céleste ; et j'ai remarqué en lui quelque satire et quelque malice qui lui donne beaucoup de ressemblance avec les habitants de notre globe, mais qu'il ménage si bien qu'on voit en lui un jugement plus mûr et une imagination plus vive qu'en tout autre être pensant ».

Ces arguments sont sérieux, sans être décisifs, car le témoignage historique de Luchet est unique et, selon l'adage : *testis unus, testis nullus.* Quant à la correspondance de Voltaire avec Frédéric, elle désigne un conte qui ressemble sans doute à *Micromégas,* mais qui n'est pas intitulé de la même manière et qui peut être assez différent.

Ainsi la critique externe (celle qui fait état d'éléments extérieurs à l'œuvre) nous incite à ne pas retenir la date de 1752, ce qui est déjà fort important : *Micromégas* ne doit pas être considéré, malgré les dates de publication, comme un conte postérieur à *Zadig.* Mais cette même critique externe ne permet pas de décider de façon absolue entre la date de 1747 et la date de 1739. Il faut donc recourir à la critique interne et chercher dans l'œuvre elle-même les passages dont le contenu peut nous permettre de présumer une date de rédaction.

B - CRITIQUE INTERNE

Cette critique interne a été menée avec beaucoup de diligence par M. Ira O. Wade, qui, dans l'introduction de son édition, considère un à un dix-huit passages. Les résultats de son enquête sont les suivants : parmi tous les passages retenus, aucun n'impose la date de 1752 ; deux nous inclinent plutôt vers 1747 ; les seize autres, plus ou moins fortement, vers 1739.

Il serait long et inutile de discuter chacun des dix-huit textes. Nous allons donc considérer celui qui paraît fournir l'argument le plus fort. Ce texte se trouve à la fin du chapitre premier : « Micromégas lia une étroite amitié avec le secrétaire de l'Académie de Saturne, homme de beaucoup d'esprit, qui n'avait à la vérité rien inventé, mais qui rendait un fort bon compte des inventions des autres, et qui faisait passablement de petits vers et de grands calculs ». Dans cette phrase, tout le monde est d'accord pour reconnaître une allusion précise et plutôt malveillante à Fontenelle, secrétaire de l'Académie des Sciences, homme d'esprit, grand vulgarisateur, auteur des *Entretiens sur la pluralité des mondes (1686)* et, en outre, poète de salon. Or Voltaire, en 1739, vient d'avoir une querelle avec Fontenelle.

Il avait publié, l'année précédente, les *Eléments de la Philosophie de Newton,* ouvrage médité à Cirey pendant les années d'étude avec Mme du Châtelet. Cet ouvrage fut mal accueilli par Fontenelle. Si l'on en croit Fréron, qui donne ce témoignage en 1761 dans *L'Année littéraire,* Fontenelle a dit à Voltaire, après avoir lu le livre, qu'il lui aurait fallu étudier Newton trois ans de plus pour le bien comprendre. Est-ce une réaction de jalousie d'un vulgarisateur à l'égard d'un autre vulgarisateur plus jeune ? Peut-être. Mais il y a une raison plus précise ... Le vulgarisateur plus jeune, Voltaire, avait le premier attaqué son ancien, dans la dédicace de son ouvrage, en évoquant le souvenir d'une « marquise » et d'une « philosophie imaginaire », avec une évidente intention à l'égard de Fontenelle, qui présentait ses *Entretiens* comme des conversations mondaines avec une marquise. Une lettre de Voltaire, datée de Cirey, 12 mai 1738, fait écho à cette querelle : « J'ai une bonne tracasserie avec lui, pour avoir commencé mon petit essai de catéchisme newtonien par ces mots : Ce n'est point ici une marquise, ni une philosophie imaginaire ». Une autre lettre, le 14 mai, précise : « Je n'ai aucune intention de choquer l'auteur des *Mondes,* que j'estime comme un des hommes qui font le plus d'honneur à ce monde-ci. C'est ce que je déclare publiquement dans les mémoires envoyés à tous les journaux ». Effectivement, un mémoire rectificatif fut inséré dans le *Journal des savants,* niant toute intention de mettre Fontenelle en cause, mais Fontenelle ne se tint pas pour satisfait, et il est évident que Voltaire l'avait taquiné.

Ces taquineries se renouvellent dans *Micromégas* et nous aurons l'occasion d'en commenter

d'un *Traité de Métaphysique,* mais il renonça finalement à le parachever et à le publier.

Il semble bien que la métaphysique l'ait de plus en plus découragé et que les sciences proprement dites, par contre-coup, l'aient de plus en plus absorbé. Nous savons qu'il se passionna pour le système de Newton et qu'il en exposa les *Eléments* dans un traité paru en 1738. M. Wade a relevé, dans ces *Eléments,* des références à trente-six savants. Epargnons-en l'énumération, mais les plus grands noms de la science moderne sont présents : ceux de Galilée, de Huyghens, de Copernic, de Kepler. Il est difficile de préciser toujours quelles lectures il a faites. On peut du moins tenir pour certain qu'il a souvent consulté la collection des *Mémoires de l'Académie des Sciences* et la collection similaire des *Philosophical Transactions* de la Royal Society de Londres. Et il a certainement lu, dans les *Mémoires de l'Académie des Sciences,* un article de Cassini intitulé *De la grandeur des étoiles fixes et de leur distance à la Terre,* qui est à l'origine du récit de *Micromégas.* Voici un fragment de cet article :

> Le diamètre de la Terre est à celui du soleil environ comme 1 à 100, donc le diamètre de Sirius suivant ces observations surpasse de cent fois celui du soleil, de même que le diamètre du soleil surpasse de cent fois celui de la terre. On peut avec beaucoup de raison appliquer à la plupart des étoiles fixes ce que l'on vient de remarquer de Sirius et juger par là de leur grandeur énorme et de leur prodigieuse distance à la terre, qui est tout à fait surprenante, mais qui

n'est pas incompréhensible à ceux qui sont accoutumés à considérer l'immensité des ouvrages de Dieu.

Ainsi *Micromégas* est conçu en un moment où Voltaire a accompli tout un cycle d'études philosophiques et scientifiques et où la tentation peut lui venir d'en dresser le bilan. Il s'agit pour lui, en somme, de revenir à une activité proprement littéraire et d'écrire une œuvre qui, tout en le délassant, puisse exprimer, sous forme symbolique, les conclusions très dépouillées de son expérience. Et comme les genres traditionnels se prêtent mal à une telle entreprise, il recourt au genre particulièrement souple du conte.

Or il semble bien que la leçon de *Micromégas* corresponde aux réflexions élaborées pendant quatre ou cinq ans. Voltaire, qui n'a pu achever le *Traité de Métaphysique,* incline à se montrer sévère pour les hommes qui prétendent élaborer des systèmes de connaissance et pose en fait que les premiers principes nous demeurent inaccessibles. Mais on aurait tort de voir dans *Micromégas* une dérision de tous les efforts accomplis par l'homme pour atteindre à des certitudes. Il est possible, en effet, de réaliser un accord émouvant entre tous ceux qui possèdent quelque culture scientifique sur des vérités relatives, c'est-à-dire sur des faits mesurables, toute mesure établissant une relation, une insertion dans une échelle de grandeur où nous avons nous-mêmes une place, mais dont les deux bouts nous échappent. A partir du moment où on veut aller plus loin et remonter aux premiers principes, alors naissent les affirmations gratuites, contradictoires ou même absurdes. Voltaire ne prétend donc pas nier la Connaissance ; mais il circonscrit les limites à l'intérieur desquelles la Connaissance est possible ; pour employer la formule qui sera plus tard celle de Kant, il esquisse une Critique de la Connaissance, une Critique de la Raison.

Micromégas est donc l'œuvre d'un écrivain qui possède une certaine foi en la Science et qui croit que l'esprit scientifique peut contribuer à unir les hommes autour de quelques évidences à leur mesure. Mais Voltaire sait bien comme il peut être tentant de glisser de l'humilité scientifique à l'orgueil métaphysique, des constatations relatives aux affirmations absolues. Or ce sont ces affirmations absolues et invérifiables qui divisent les hommes, qui les opposent, qui engendrent le dogmatisme et le fanatisme. Il faut se tenir à l'écart de ces ambitions dangereuses. Il faut accepter de ne pas voir « le bout des choses ». Il faut comprendre aussi combien toute querelle est misérable, du point de vue de Sirius. *Micromégas* enseigne donc, avant tout, la modestie, la notion de ce qu'on peut savoir et de ce qu'on doit se résoudre à ignorer. Tel est le premier sens, tout relativiste, du conte. Mais cette modestie, qui peut rapprocher tous les vrais philosophes, doit les tenir en grande défiance à l'égard des théories qui risqueraient de les opposer les uns aux autres. Elle doit les aider aussi à prendre tout simplement le monde comme il est et les jours comme ils viennent, sans s'irriter ni s'alarmer devant l'inévitable. Elle implique donc une sagesse, fondée sur l'indulgence et sur la tolérance. Tout se tient, en effet, dans la pensée de Voltaire, et *Micromégas,* qui est son premier conte, est peut-être aussi celui qui, dans sa brièveté, associe le plus étroitement une théorie de la Connaissance à un art de vivre.

III - LES SOURCES DE « MICROMÉGAS »

Si l'originalité de Voltaire est éclatante dans la mise en forme du conte, sa pensée est commandée, dans une large mesure, par des préoccupations qui sont celles de son siècle tout entier et qui peuvent même remonter, comme nous allons le voir, à une haute antiquité. Nous nous appuierons, dans notre enquête, sur la riche étude de M. Wade.

A - LE THÈME DES MONDES HABITÉS

Du moment où les hommes ont su que d'autres mondes existaient, nombreux, en dehors de la Terre, ils pouvaient tout naturellement se demander, sans avoir le moyen de répondre, si ces mondes étaient habités. Il ne s'agit pas pour nous de retrouver l'histoire des croyances professées à ce propos, mais de fixer quelques textes qui ont pu être présents à la pensée de Voltaire lorsqu'il conçut *Micromégas.*

1 - L'antiquité gréco-latine.

En 1736 venait de paraître, dans les *Mémoires de l'Académie des Inscriptions,* couramment consultés par Voltaire, une étude de Bonamy intitulée *Sentiments des anciens philosophes sur la pluralité des mondes.* L'auteur part du légendaire Orphée, interroge les pythagoriciens, les épicuriens, cite Lucrèce et Plutarque.

2 - L'ère des théologiens.

Au Moyen Age, le problème fut agité par des théologiens avec le dessein d'humilier la petitesse de l'homme devant la grandeur de Dieu. C'est la position, au XVème siècle, du cardinal Nicolas de Cues, auteur d'un traité *De docta ignorantia* (1440). Or Voltaire cite cet écrivain en 1738, juste avant *Micromégas.*

Nicolas de Cues considère que Dieu est au centre de tout et que de lui procèdent toutes les espèces éparses dans la création. Il insiste sur l'imperfection de notre nature ; il professe que « notre emplacement dans le monde est l'habitation des hommes, des animaux et des végétaux, et ils sont en degré moins nobles que les habitants de la région solaire et des autres étoiles » Il pense qu'aucune région de l'univers n'est « privée d'habitants » et admet seulement que « ces habitants nous restent tout à fait inconnus ». Sa pensée est tout à la fois dogmatique dans son allure générale et prudente sur le détail.

3 - Montaigne

Dans une certaine mesure, le point de vue de Montaigne est analogue dans l'*Apologie de Raymond de Sebonde,* où la question est posée, mais non résolue. Montaigne constate que la plupart des philosophes ont cru à la pluralité des mondes habités ; or s'il y a plusieurs mondes, ajoute-t-il, « que savons-nous si les principes et les règles de celui-ci touchent pareillement les autres ? » Il y a là de quoi faire réfléchir l'orgueil humain, trop enclin à proclamer la royauté de l'homme dans l'univers. La perspective de Montaigne n'est pas théologienne, comme celle de Nicolas de Cues, mais elle demeure délibérément en dehors de toute considération scientifique. La position scientifique (ou para-scientifique) du problème est liée au développement, au début du XVIIème siècle, de la nouvelle astronomie.

4 - L'ère des astronomes.

Les grands astronomes du temps ont tous, plus ou moins, évoqué la question ; mais, faute de certitude à cet égard, ils se sont abstenus d'en débattre dans leurs grands ouvrages. Ils y font volontiers allusion, au contraire, dans leur Correspondance.

Ainsi Kepler, dans une lettre de 1607, se déclare convaincu que d'autres mondes sont habités. Campanella écrit dans le même sens à Galilée le 13 janvier 1611. Galilée lui-même est plus réservé : « Si la question m'est posée, je ne répondrai ni oui ni non », écrit-il le 15 janvier 1613 à son correspondant le prince Cesi. Descartes montrera plus tard la même prudence, dans une lettre à Chanut du 6 juin 1647, en déclarant qu'aucun argument décisif ne permet de décider s'il y a, oui ou non, des êtres intelligents dans les étoiles.

Il s'agit donc, pour ces savants, d'une hypothèse vers laquelle ils inclinent plus ou moins et qui, de toute façon, n'est pas absurde. Aussi voit-on plusieurs d'entre eux s'amuser à la développer dans des ouvrages composés en marge de leur œuvre scientifique comme le *Somnium astronomicum* de Kepler ou l'*Iter exstaticum* de Kircher.

5 - L'âge des vulgarisateurs.

A la fin du XVIIème siècle, les principes de la nouvelle astronomie sont bien établis et le moment paraît venu à certains écrivains d'en répandre la connaissance, au moins dans les sphères cultivées. Tel est le dessein de Fontenelle dans les célèbres *Entretiens sur la pluralité des mondes*, en 1686. Il s'agit là d'un livre naturellement fort connu de Voltaire et sans doute d'une des sources les plus importantes de *Micromégas*.

Fontenelle, s'adressant à une Marquise imaginaire, tend à lui enseigner que les autres planètes sont semblables à la nôtre et sont, comme elle, habitées. Il professe que les différences entre les habitants des diverses planètes doivent s'accroître en raison de leur éloignement : « Apparemment les différences augmentent à mesure que l'on s'éloigne ; et qui verrait un habitant de la Lune et un habitant de la Terre, remarquerait bien qu'ils seraient de deux mondes plus voisins qu'un habitant de la Terre et un habitant de Saturne ». Il suggère, d'autre part, que des habitants d'autres planètes pourraient bien être mieux équipés que l'homme, au moins sous le rapport des sens : « Peut-être même y a-t-il effectivement un grand nombre de sens naturels ; mais dans le partage que nous avons fait avec les habitants des autres planètes, il ne nous en est échu que cinq, dont nous nous contentons, faute d'en connaître d'autres ». Nous retrouverons les mêmes idées et parfois des formules analogues en suivant le texte de *Micromégas*.

Au début du XVIIIème siècle enfin parut une traduction en français d'un ouvrage posthume de Huyghens, le *Cosmotheoros,* dont le titre français est *Nouveau traité de la pluralité des mondes, où l'on prouve par des raisons philosophiques que toutes les planètes sont habitées et cultivées comme notre terre.* Malgré ce titre, et tout en se montrant relativement audacieux dans ses développements sur les habitants des autres mondes, Huyghens laisse souvent entendre que, dans ce domaine, rien n'est démontré et tire surtout de son ouvrage une leçon d'humilité, qui tout à la fois rappelle celle de Pascal méditant sur les deux infinis (mais Pascal n'a pas posé le problème de la vie dans les planètes ou dans les étoiles) et annonce celle de Voltaire dans *Micromégas.*

6 - L'attitude de Voltaire.

Voltaire est nourri de Fontenelle ; il connaît sans aucun doute l'ouvrage de Huyghens ; il a lu aussi des écrits moins notoires de vulgarisateurs plus récents (car le XVIIIème siècle continuait à se passionner pour ce problème). Il a pris une position sérieuse sur la question dès le temps des *Lettres philosophiques,* très exactement en 1732, au temps où il rédigeait la première ébauche de la treizième lettre, dite *Lettre sur l'âme* : « Il est à croire qu'il est dans d'autres mondes d'autres animaux qui jouissent de vingt ou trente sens, et que d'autres espèces, encore plus parfaites, ont des sens à l'infini ». Cette conjecture sera affirmée par Voltaire vers la fin de sa vie, par exemple dans l'article *Dogmes* du *Dictionnaire philosophique* ou dans *Le Philosophe ignorant* (1766) : « J'aperçois des planètes très supérieures à la mienne en étendue, entourées de plus de satellites que la terre. Il n'est pas du tout contre la vraisemblance qu'elles soient peuplées d'intelligences très supérieures à moi, et de corps plus robustes, plus agiles et plus durables ».

On doit observer avec quelle prudence Voltaire s'exprime sur ce problème, à la vérité insoluble pour la science de son temps et même du nôtre. Il se contente d'observer qu'une telle conjecture n'est point du tout contraire à la vraisemblance. Il est d'accord en cela avec les grands astronomes du XVIIème siècle et aussi avec Fontenelle qui, interrogé par la Marquise sur la question de savoir quelle sorte d'êtres vivants habite dans la lune, répond : « De bonne foi, Madame, je n'en sais rien ».

Cependant, tous les philosophes de l'époque n'ont pas manifesté la même prudence et nous en trouvons un écho, précisément, dans la Correspondance de Voltaire. Nous lisons en effet, dans une lettre du 10 août 1741 adressée au savant Maupertuis, les lignes suivantes, qui concernent le philosophe allemand Wolff : « Il y avait longtemps que j'avais vu, avec une stupeur de nomade, quelle taille ce bavard germanique assigne aux habitants de Jupiter. Il en jugeait par la grandeur de nos yeux et par l'éloignement de la Terre au Soleil ... »

Le développement de Wolff incriminé par Voltaire se trouve dans son ambitieux ouvrage en six volumes *Elementa matheseos universae,* paru à Genève en 1735. Le passage le plus ridicule est le suivant : « Et sane non desunt mihi rationes quae suadent Jovicolas statura aequales esse Ogi Regi, cujus lectus ferreus, Mose autore (*Deutéronome* III, 2), habuit longitudinem novem, latitudinem quatuor cubitorum ».

Si Voltaire, en 1741, déclare avoir lu ce passage *longtemps* auparavant, on est fondé à croire que cette lecture est antérieure à la rédaction de *Micromégas*. D'autre part, ce témoignage est recoupé par celui de Mme de Graffigny, qui séjourna à Cirey du 4 décembre 1738 au 10 février 1739, et qui fut ainsi associée aux préoccupations scientifiques et philosophiques de Voltaire et de Mme du Châtelet. Elle écrit en ces termes à son ami Devaux :

> Ce matin, la dame de céans a lu un calcul géométrique d'un rêveur anglais qui prétend démontrer que les habitants de Jupiter sont de la même taille qu'était le roi Og, dont l'Ecriture parle.
>
> Voici à peu près les raisonnements de l'Anglais : les yeux sont en proportion du corps ; il fait un calcul de l'étendue de la prunelle de nos yeux, autre calcul de la quantité de lumière que nos yeux sont propres à recevoir, ayant égard à la distance du soleil à la terre ; ensuite il calcule les propositions de la distance de l'éloignement du soleil à Jupiter. Tu sens bien où il en veut venir pour connaître la grandeur des hommes dans Jupiter. Il dit qu'avec un peu d'attention on pourrait connaître de même les proportions des habitants des autres planètes. Je ne sais si cela t'amusera, mais nous nous en sommes fort divertis en admirant la folie d'un homme qui emploie tant de temps et de travail pour apprendre une chose si inutile.

M. Wade observe que la lettre de Voltaire concerne l'Allemand Wolff et que celle de Mme de Graffigny désigne un rêveur « anglais ». Mais il est probable que Mme de Graffigny se trompe. Dans la suite de sa lettre, elle note, d'ailleurs, avec quelle virtuosité Mme du Châtelet a traduit du latin le texte du « rêveur anglais » en question. Il doit donc s'agir de l'ouvrage de Wolff ; nous pensons que c'est ce jour-là que Voltaire a eu connaissance du développement sur le géant Og et sur les habitants de Jupiter, et qu'il se souvient de l'effet produit à Cirey par cette page ridicule dans la lettre à Maupertuis de 1741.

Dès lors, les choses pourraient s'être passées de la façon suivante. Voltaire s'intéresse depuis longtemps au problème de la vie dans les astres. Il incline à croire que la terre n'est pas le seul astre habité. Mais il se garde de vouloir conjecturer avec précision ni la taille ni les facultés des êtres qui peuvent vivre dans les autres planètes. Un texte absurde de Wolff fournit des précisions vertigineuses sur les habitants de Jupiter. Pourquoi ne pas partir sur des données analogues, mais sous le signe d'une fantaisie délibérée, et dans le cadre du conte, qui se prête aux plus folles inventions ? Ainsi imagine-t-il d'assigner des dimensions rigoureusement fixées, au prix d'un désinvolte raisonnement par analogie, à un habitant de Saturne et à un habitant de Sirius – Sirius étant considérée comme la plus lointaine et la plus considérable des étoiles connues, donc comme l'expression la plus saisissante du mega, par rapport à ce micron qu'est la Terre. Les notions de mega et de micron cependant, sont relatives. Cette relativité s'exprime dans le nom même du héros. Mais nous touchons ainsi à un autre problème qui, comme le précédent, occupe depuis longtemps les esprits.

B - LE THÈME DE LA RELATIVITÉ

Presque en même temps que les observations des astronomes dans le domaine de l'infiniment grand ont commencé à se développer activement au XVIIème siècle celles des biologistes dans le domaine de l'infiniment petit. L'âge du télescope est aussi celui du microscope. Et les recherches des savants sont tout naturellement commentées par les philosophes. On se persuade que l'homme est situé comme à mi-chemin entre deux infinis et que, d'un infini à l'autre, se déroule une chaîne ininterrompue d'existences. L'homme peut bien, avec ses instruments, évaluer des ordres de grandeur ; mais il se sent perdu entre les deux abîmes qui s'ouvrent sous son regard. Alors s'écroulent les illusions qu'il s'était formées sur sa situation privilégiée dans l'univers. Selon la formule de M. Wade, il devient le mesureur de toutes choses, mais il cesse de s'en croire la mesure. Le progrès de la science rabaisse son orgueil et le ramène à une juste estimation des valeurs relatives.

Telle est bien l'idée centrale de Pascal dans le développement fameux sur les deux infinis : il est frappant de constater que Voltaire, hostile à Pascal en général, et qui a manifesté cette hostilité dans la vingt-cinquième lettre philosophique, ne lui cherche aucune chicane à propos de ce texte essentiel. Telle est encore l'idée de Malebranche dans la *Recherche de la Vérité* : Malebranche se demande quelle notion pourrait avoir de la dimension des corps une créature infiniment plus petite que nous, posée sur une balle minuscule, ou encore une créature infiniment plus grande, posée sur une sphère immense ; il répond que cette notion serait relative à chacune de ces créatures, donc différente de la nôtre et qu'il est impossible à l'homme, aussi bien qu'à toute autre espèce, de se faire une idée en soi du Grand et du Petit.

On trouverait des préoccupations de même nature chez d'autres philosophes, légèrement postérieurs et animés pourtant d'un esprit différent ; ainsi chez Locke et chez Leibniz, tous deux fort bien connus de Voltaire, tous deux partisans de l'idée d'une chaîne ininterrompue d'êtres vivants organisés, allant de l'infiniment grand à l'infiniment petit et témoignant du génie infiniment divers de la Nature, ou de la Providence.

Mais Voltaire connaissait aussi les travaux des biologistes qui exerçaient leurs observations sur des micro-organismes. Il cite en particulier dans *Micromégas* (chapitre V) les noms des savants hollandais Leuwenhoek et Hartsoeker : « Quelle adresse merveilleuse ne fallut-il donc pas à notre philosophe sirien pour apercevoir les atomes dont je viens de parler ? Quand Leuwenhoek et Hartsoeker virent les premiers la graine dont nous sommes formés, ils ne firent pas à beaucoup près une si étonnante découverte ».

Il est vrai que Leuwenhoek a plus particulièrement étudié au microscope la structure du spermatozoïde et du germe fécondé. Mais il avait aussi observé les petits animaux, les microbes ou, comme on disait alors, les animalcules qui vivent, notamment, dans l'eau froide. Il avait été frappé à la fois de leurs dimensions infimes, de leur foisonnement et de leur complexité organique. Il s'était étonné en particulier de découvrir en eux un système aussi bien agencé pour le mouvement et pour la reproduction. Et il lui arrivait de tirer de ses observations micro-biologiques des conclusions pleines de modestie sur les limites de la connaissance humaine : « Combien de créatures nous demeurent inconnues et combien peu de choses pouvons-nous comprendre ! ».

Leuwenhoek est mort en 1723 ; Hartsoeker, son disciple et continuateur, en 1725 ; mais leurs travaux sont déjà connus depuis longtemps en France grâce aux écrits des vulgarisateurs et en particulier de Fontenelle. Fontenelle devait insérer une notice sur Hartsoeker dans son *Eloge des Académiciens* ; mais déjà dans les *Entretiens sur la pluralité des mondes,* il s'était référé aux travaux de Leuwenhoek. Il signale, par exemple, que de petites gouttes d'eau de pluie ou de vinaigre sont remplies « de très petits poissons ou de petits serpents que l'on n'avait jamais soupçonné d'y habiter ». Il écrit encore qu'une feuille est « un petit monde » habité de « vermisseaux invisibles » et que ce petit monde doit leur apparaître immense et couvert de vallées, de montagnes, de gouffres.

Les savants du XVIIIème siècle se sont engagés à leur tour dans la voie ouverte par les biologistes hollandais. Bornons-nous à mentionner les observations de Réaumur sur les organismes des insectes, parce qu'il y est fait allusion dans *Micromégas.*

Pour résumer notre premier et notre second point, les travaux illustres des grands astronomes sur l'univers céleste d'une part, les travaux importants, quoique moins célèbres, des biologistes sur l'univers microbien d'autre part, convergent, au XVIIème et au XVIIIème siècle, pour donner à l'homme le sentiment d'une relativité universelle, que les philosophes tendent à ériger en nouveau principe de méthode. De cette relativité, Voltaire, qui a lu les philosophes et les savants, est profondément pénétré ; il y voit le fondement possible d'une sagesse. Il cherche donc le moyen de donner une forme littéraire aux idées qui se sont élaborées en lui et c'est ainsi qu'il recourt au genre du conte. Mais l'histoire de *Micromégas* se rattache à toute une tradition.

C - LA TRADITION DU VOYAGE IMAGINAIRE

Lorsqu'il imagine de confronter les habitants plus ou moins fabuleux de plusieurs mondes, Voltaire peut se souvenir de trois grands précurseurs (pour s'en tenir à la littérature moderne).

1. D'abord Rabelais et son *Gargantua,* que nous pouvons citer seulement pour mémoire, car *Gargantua* et *Micromégas* sont des œuvres bien différentes par le fond, comme par les procédés.

2. En second lieu, Cyrano, en particulier pour son *Voyage dans la Lune,* beaucoup plus proche, par l'esprit, du projet de Voltaire. Il s'agit déjà pour Cyrano d'humilier « l'orgueil insupportable des humains qui leur persuade que la nature n'a été faite que pour eux ». Dans le

détail, on relève diverses inventions communes aux deux récits. Les habitants de la Lune, qui vivent 3 ou 4 000 ans et qui mesurent, pour la plupart, « douze coudées de longueur », sont surpris par la petite taille de Cyrano, qui leur a rendu visite ; il se demandent s'il possède une âme ; ils le questionnent sur la philosophie, ils évoquent avec lui l'absurdité de la guerre. Nous retrouverons, dans notre commentaire suivi de *Micromégas,* des détails analogues et qui semblent parfois empruntés à Cyrano. Mais la verve de Cyrano est plus fantasque, moins disciplinée, moins étroitement commandée, au moins en apparence, par une intention philosophique.

3. Enfin, Swift, l'auteur des *Voyages de Gulliver,* et ce rapprochement est sans doute le plus important. Il faut savoir en effet que Voltaire a personnellement connu Swift et qu'il a été l'introducteur de son œuvre en France. Voltaire a rencontré Swift en Angleterre et noua de bonnes relations avec lui. Il témoigna à plusieurs reprises d'une vive admiration pour *Gulliver* et invita son ami Thiériot à traduire au moins la première moitié de ses *Voyages* : à cette occasion, il désigne Swift comme le « Rabelais d'Angleterre ».

Or M. Wade a relevé de très nombreux passages de *Micromégas* où il apparaît que Voltaire s'inspire de Swift. Ainsi, les Lilliputiens, pour mesurer leur visiteur géant, se servent de l'appareil appelé quart de cercle ou quadrant, qui sert aux navigateurs terriens, dans *Micromégas,* pour mesurer l'habitant de Sirius et celui de Saturne. Ainsi encore, un Lilliputien enfonce un pic dans la main gauche de Gulliver, un Terrien enfonce un pic dans l'index gauche de Micromégas, et l'impression est dans les deux cas celle d'un chatouillement, d'un picotement. Au pays des géants, le roi prend Gulliver dans sa main comme le Sirien prend les membres de l'expédition maritime sur son pouce. Gulliver étonne les habitants du pays, comme les terriens étonnent l'habitant de Sirius et celui de Saturne, en prouvant qu'il est doué d'intelligence ; en revanche, il suscite la colère et l'indignation en révélant, lui aussi, les mœurs barbares des gens de sa planète. Mais voici l'analogie la plus curieuse.

Dans le troisième voyage de Gulliver, il est question de deux satellites de Mars qui ont été découverts par les Laputans ; des précisions sont même fournies sur leur distance par rapport à la planète dont ils dépendent et sur les lois auxquelles ils sont soumis. De même, Micromégas et le Saturnien, en passant auprès de Mars, découvrent « deux lunes qui servent à cette planète et qui ont échappé aux regards de nos astronomes ». Nous savons aujourd'hui que Mars possède deux satellites, mais la découverte date de 1877 seulement. L'affirmation de Voltaire est donc conjecturale, comme le développement de Swift. N'allons pas en conclure qu'ils aient eu tous deux l'intuition d'une vérité ignorée de leur temps. En réalité, Kepler, raisonnant par analogie, avait fait part à Galilée, dans une lettre, de la possibilité de l'existence de ces deux satellites. L'hypothèse a pu se répandre. Il est curieux du moins qu'elle soit formulée ainsi successivement sous la plume des deux écrivains.

Ici encore, d'ailleurs, nous ne devons pas pousser trop loin les rapprochements. *Gulliver* est une œuvre beaucoup plus étendue que *Micromégas* : la part de la fantaisie gratuite y est plus grande. L'originalité de Voltaire demeure intacte : elle consiste dans l'utilisation à la fois systématique et légère de la fable au service d'une idée philosophique. Nous allons voir comment Voltaire a réalisé ce dessein en étudiant de façon détaillée le texte même de *Micromégas*.

IV - COMMENTAIRE DE DÉTAIL

CHAPITRE PREMIER

Voyage d'un habitant du monde de l'étoile Sirius dans la planète de Saturne

Dans une de ces planètes qui tournent autour de l'étoile nommée Sirius, il y avait un jeune homme de beaucoup d'esprit, que j'ai eu l'honneur de connaître dans le dernier voyage qu'il fit sur notre petite fourmilière ; il s'appelait Micromégas, nom qui convient fort à tous les grands. Il avait huit lieues de haut : j'entends, par huit lieues, vingt-quatre mille pas géométriques de cinq pieds chacun.

Quelques algébristes, gens toujours utiles au public, prendront sur le champ la plume et trouveront que, puisque Monsieur Micromégas, habitant du pays de

> Sirius, a de la tête aux pieds vingt-quatre mille pas, qui font cent vingt mille pieds de roi, et que nous autres, citoyens de la terre, nous n'avons guère que cinq pieds, et que notre globe a neuf mille lieues de tour, ils trouveront, dis-je, qu'il faut absolument que le globe qui l'a produit ait au juste vingt-et-un millions six cent mille fois plus de circonférence que notre petite terre. Rien n'est plus simple et plus ordinaire dans la nature. Les Etats de quelques souverains d'Allemagne ou d'Italie, dont on peut faire le tour en une demi-heure, comparés à l'empire de Turquie, de Moscovie ou de la Chine, ne sont qu'une très faible image des prodigieuses différences que la nature a mises dans tous les êtres.
>
> La taille de son Excellence étant de la hauteur que j'ai dite, tous nos sculpteurs et tous nos peintres conviendront sans peine que sa ceinture peut avoir cinquante mille pieds de roi de tour : ce qui fait une très jolie proportion.

Voltaire s'attache à rendre tout ce début piquant en multipliant les précisions absurdes. Il ne s'agit guère pour lui, sur un pareil sujet, de créer, par la minutie du détail, une impression de vraisemblance, selon la méthode qui sera celle des romanciers réalistes. Il s'agit de mettre le lecteur en état d'accueil en l'amusant, de l'inciter à un jeu de l'esprit. A ce jeu, le lecteur ne se laisse pas prendre : la vigilance de son sens critique ne se trouve pas atteinte ; et pourtant, par une sorte de paradoxe, il va accorder son attention aux aventures d'un personnage auquel il ne croit pas. L'art de Voltaire dans ses contes consiste dans les ornements de toute sorte qui rendent la fable attrayante, qui créent une connivence entre l'auteur et son public, sans que jamais ni l'auteur ni le public soient dupes des procédés ainsi mis en œuvre, sans que le récit ait jamais une apparence quelconque de vérité.

L'art de Voltaire est d'ailleurs aussi de ne pas appuyer ses effets, afin de préserver leur efficacité en prévenant toute réaction d'impatience ou de lassitude. Voltaire donne ici juste assez de chiffres et d'indications concrètes pour nous amuser. Il y aurait danger de monotonie à en ajouter du même ordre. Aussi voyons-nous qu'a été supprimée, à la fin du développement, toute une phrase présente dans les premières éditions: « Son nez étant le tiers de son visage, et son beau visage étant la septième partie de son beau corps, il faut avouer que le nez du Sirien a six mille trois cent trente trois pieds de roi plus une fraction, ce qui était à démontrer ». L'écrivain donne une leçon de discrétion et de goût en se corrigeant ainsi. Il est de ceux qui savent, à l'occasion, retrancher ce qui paraît inutile ou fâcheux : il y a là une sorte d'héroïsme dont tout le monde n'est pas capable.

L'apparente rigueur apportée par Voltaire dans l'évaluation de la taille du Sirien correspond d'ailleurs à une autre intention, qui est d'ordre satirique. Nous nous souvenons du texte de Wolff et de la lettre de Mme de Graffigny où il était question de fixer par analogie les proportions des habitants de Jupiter, en se référant au géant Og de la Bible. Voltaire et tout le petit groupe de Cirey s'étaient beaucoup récriés, en présence de telles rêveries. Voltaire s'en souvient, sans doute, et c'est pourquoi il donne ici une caricature de raisonnement analogique. A la base du développement, il y a un postulat parfaitement gratuit, auquel Voltaire évite de donner une forme explicite, pour ne pas alourdir son récit. Ce postulat serait : il existe une proportion constante entre les dimensions d'un astre et celles de ses habitants. Si on l'acceptait serait validé le raisonnement par analogie qui s'ensuit. Mais pour entrer dans le jeu, il faut d'abord outrepasser dangereusement les données de la science positive.

Pourtant, si des précisions péremptoires, dans un tel domaine, sont extravagantes, le principe d'une échelle de proportions ne l'est pas. Nous savons que Voltaire juge possible, sinon probable, l'existence, dans d'autres planètes, d'espèces plus évoluées, plus développées que l'espèce humaine. Ses convictions concernant le Sirien sont délibérément plaisantes en raison de leur minutie ; mais elles recouvrent une croyance à laquelle Voltaire est fort attaché : la croyance en la relativité universelle. Ainsi, dans *Micromégas*, il y a une fable sans vraisemblance, qui ne tend même pas à donner le change à cet égard, et qui, pourtant, est le véhicule d'une vérité. Ainsi se trouve justifié le sous-titre du conte : *histoire philosophique.*

Quant à son esprit, c'est un des plus cultivés que nous ayons ; il sait beaucoup de choses ; il en a inventé quelques-unes ; il n'avait pas encore deux cent cinquante

> ans, et il étudiait, selon la coutume, au collège des Jésuites de sa planète, lorsqu'il devina, par la force de son esprit, plus de cinquante propositions d'Euclide. C'est dix-huit de plus que Blaise Pascal, lequel, après en avoir deviné trente-deux en se jouant, à ce que dit sa sœur, devint depuis un géomètre assez médiocre, et un fort mauvais métaphysicien.

Signalons d'abord deux variantes intéressantes. Dans les premières éditions, Micromégas avait été élevé « au collège le plus célèbre » de sa planète. Voltaire juge amusant de préciser qu'il s'agit du collège des Jésuites. On sait que sa polémique avec les Jésuites n'a cessé de croître en intensité. Ici, le trait n'est pas bien méchant, certes. Il y a tout de même une intention malicieuse, quoique fort discrète : on sait que Voltaire reprochait aux Jésuites leur impérialisme politique, leur désir d'être partout, d'avoir la haute main sur tout. Il s'amuse donc à les supposer installés dans une planète de l'étoile Sirius. Il convient de rappeler à ce propos que lui-même fut un élève des Jésuites, et même qu'il se loua fort de leurs enseignements.

Autre variante, non moins piquante. Pascal, lisait-on dans l'édition originale, « aima mieux depuis être un assez médiocre métaphysicien qu'un grand géomètre ». On lit dans le texte définitif qu'il « devint depuis un géomètre assez médiocre, et un fort mauvais métaphysicien ». Voltaire accentue donc la sévérité de son jugement à l'égard de Pascal, d'abord en condamnant impitoyablement sa métaphysique, jusque là jugée « médiocre » seulement : c'est une prise de position radicale, plus vive encore que la position adoptée au temps des *Lettres philosophiques,* et qui montre le raidissement de Voltaire dans le combat philosophique contre l'Eglise. On s'étonne presque davantage de voir Voltaire rabaisser la valeur scientifique de Pascal, et il paraît injuste d'affirmer que Pascal devint « un géomètre assez médiocre ». Une note de l'édition de Kehl apporte, à ce propos, un commentaire : « Pascal devint un très grand géomètre, non dans la classe de ceux qui ont contribué par de grandioses découvertes au progrès des sciences, comme Descartes, Newton, mais dans celle des géomètres qui ont montré par leurs ouvrages un génie de premier ordre ». Peut-être Voltaire aurait-il approuvé ce commentaire : enthousiasmé par Newton comme il était, il jugeait sans doute que Pascal, malgré son génie, lui demeurait inférieur parce qu'il n'avait formé aucune hypothèse propre à renouveler profondément notre vision de l'univers. Mais il est permis de supposer que son jugement sur le métaphysicien et sur le moraliste a, dans une certaine mesure, influé sur le jugement concernant le géomètre.

Quant à la découverte, prêtée à Pascal âgé de douze ans, des trente-deux premières propositions d'Euclide, il s'agit là d'une anecdote qui se trouve bien, comme l'indique Voltaire, dans la *Vie de Blaise Pascal* rédigée par sa sœur Gilberte Périer.

> Vers les quatre cent cinquante ans, au sortir de l'enfance, il disséqua beaucoup de ces petits insectes

qui n'ont pas cent pieds de diamètre, et qui se dérobent aux microscopes ordinaires ; il en composa un livre fort curieux, mais qui lui fit quelques affaires. Le muphti de son pays, grand vétillard, et fort ignorant, trouva dans son livre des propositions suspectes, malsonnantes, téméraires, hérétiques, sentant l'hérésie, et le poursuivit vivement : il s'agissait de savoir si la forme substantielle des puces de Sirius était de même nature que celle des colimaçons. Micromégas se défendit avec esprit, il mit les femmes de son côté ; le procès dura deux cent vingt ans. Enfin le muphti fit condamner le livre par des jurisconsultes qui ne l'avaient pas lu, et l'auteur eut ordre de ne paraître à la cour de huit cents années.

Il ne fut que médiocrement affligé d'être banni d'une cour qui n'était remplie que de petitesses.

Le début de ce passage se rapporte aux curiosités considérables qui s'étaient développées au cours des dernières années à l'égard de l'entomologie. L'attention du monde savant s'était portée sur l'extrême complexité de l'organisation des insectes. C'est un point auquel les naturalistes n'ont cessé de s'attaquer depuis. Il arrive par exemple à Charles Nodier, dont les études entomologiques ne sont nullement négligeables, de considérer que, d'un certain point de vue, l'insecte est le roi de la création. Au temps où écrit Voltaire venaient de paraître, notamment, les *Mémoires* de Réaumur *pour l'histoire des insectes* (1735), auxquels l'écrivain va se référer dans la suite du récit.

Plus piquante est la suite du développement, relative à l'intervention du « muphti » du pays.

Une note de l'édition de Kehl explique ce trait par des persécutions qu'a subies Voltaire lui-même de la part d'un religieux nommé Boyer : « M. de Voltaire avait été persécuté par le théatin Boyer, pour avoir dit dans ses *Lettres philosophiques* que les facultés de notre âme se développent en même temps que nos organes, de la même manière que les facultés de l'âme des animaux ». Il y a, en somme, une certaine analogie entre ce grief, qui fait état d'une comparaison jugée choquante et hérétique entre l'homme et l'animal, et celui qui est dirigé contre Micromégas par la comparaison de la forme substantielle des puces avec celle des colimaçons. D'autre part, Voltaire a attaqué Boyer de façon tout à fait apparente sous l'anagramme de Yébor au chapitre IV de *Zadig* : « Un savant qui avait composé treize volumes sur les propriétés du griffon, et qui de plus était grand théurgiste, se hâta d'aller accuser Zadig devant un archimage nommé Yébor, le plus sot des Chaldéens, et partant le plus fanatique ». Nous ne voyons, pour notre part, aucun inconvénient à suivre la tradition des éditeurs de Kehl. M. Wade, cependant, n'est pas de cet avis : il estime que la référence à Boyer est ici gratuite et pense que Voltaire songe à la condamnation des *Lettres philosophiques* par l'archevêque de Paris. Ainsi s'expliquerait l'expression « le muphti de son pays » ; si le mot muphti est pris symboliquement au sens de chef religieux, il s'applique bien à l'archevêque de Paris, et beaucoup moins bien à Boyer, qui n'exerçait pas, au moins à cette date, de vraies fonctions d'autorité dans l'Eglise. Il est permis, pour cette raison, d'hésiter entre les deux explications, celle de l'édition de Kehl et celle de M. Wade. De toute manière, Voltaire pense aux persécutions qui ont suivi les *Lettres philosophiques* et il n'y a donc pas lieu de remettre en question, à ce propos, la date précoce qui a été proposée pour la composition de *Micromégas.*

De même, il n'y a aucune conclusion nette à tirer, pensons-nous, de la dernière phrase que nous avons reproduite sur la cour « qui n'était remplie que de tracasseries et de petitesses ». Certains commentateurs partisans de la date de 1752 y voient une allusion au séjour à Berlin ; M. Wade y voit une allusion à l'affaire dite du « Jeu de la reine », en 1747, à la suite de laquelle Voltaire dut se réfugier à Sceaux, pour avoir osé traiter de fripons des partenaires de jeu de Mme du Châtelet, chez la reine, à Fontainebleau. Pour cette raison, ce passage est l'un des deux qu'il retient comme prouvant un remaniement du texte en 1747. Mais il n'est pas nécessaire de se référer à des épisodes particuliers de ce genre pour expliquer l'attaque de Voltaire contre les mœurs des cours royales, car, déjà sous la Régence, le bannissement d'un gentilhomme loin de Paris et de la Cour était un incident d'une grande banalité. Le texte de Voltaire ne nous paraît pas assez précis pour qu'on puisse y voir l'expression d'une rancune personnelle.

Il fit une chanson fort plaisante contre le muphti, dont celui-ci ne s'embarrassa guère ; et il se mit à voyager de planète en planète, pour achever de se former *l'esprit et le cœur,* comme l'on dit. Ceux qui ne voyagent qu'en chaise de poste ou en berline seront sans doute étonnés des équipages de là-haut : car nous autres, sur notre petit tas de boue, nous ne concevons rien au-delà de nos usages. Notre voyageur connaissait merveilleusement les lois de la gravitation, et toutes les forces attractives et répulsives. Il s'en servait si à propos que, tantôt à l'aide d'un rayon du soleil, tantôt par la commodité d'une comète, il allait de globe en globe, lui et les siens, comme un oiseau voltige de branche en branche. Il parcourut la voie lactée en peu de temps, et je suis obligé d'avouer qu'il ne vit jamais à travers les étoiles dont elle est semée ce beau ciel empyrée que l'illustre vicaire Derham se vante d'avoir vu au bout de sa lunette. Ce n'est pas que je prétende que Monsieur Derham ait mal vu, à Dieu ne plaise ! mais Micromégas était sur les lieux, c'est un bon observateur, et je ne veux contredire personne.

Nous pouvons passer rapidement sur quelques allusions claires, ou du moins qui ont été bien éclairées. La formule *l'esprit et le cœur,* détachée en italiques, est effectivement assez creuse ; elle revient dans le *Traité des études* de Rollin, publié en 1728 ; Voltaire l'a de nouveau raillée dans *Zadig*. Quant à la phrase sur les lois de la gravitation, elle souligne l'intérêt particulier que Voltaire portait, au temps de *Micromégas,* à l'œuvre scientifique de Newton.

L'allusion au vicaire Derham appelle un plus grand développement. Ce personnage est un savant anglais, mort en 1735, qui avait composé une

Théologie astronomique où il se proposait de prouver l'existence de Dieu par les merveilles de la nature. Voltaire avait naturellement une prévention à l'égard des travaux de ce genre. Il est d'ailleurs douteux qu'il ait lu l'ouvrage même de Derham, car il n'en parle nulle part ailleurs. Mais le passage de *Micromégas* peut être commenté à la lumière d'un fragment du *Traité de l'opinion,* publié par Legendre en 1735, et où il est question des conjectures de Derham.

Or nous savons que Voltaire possédait deux exemplaires du livre de Legendre dans sa bibliothèque. En novembre 1738, dans une lettre à Thiériot, il l'a ainsi mentionné : « Je vous dirai qu'un homme qui étudie la nature, qui fait des expériences, qui calcule, un Newton, un Mariotte, un Huyghens, un Bradley, un Maupertuis savent *ce qu'il faut savoir* et que M. Legendre, marquis de Saint-Aubin, dans son *Traité de l'opinion,* sait ce qu'on *a pensé* ». Il est permis de supposer que Voltaire, à cette date, pratiquait le traité de Legendre et qu'il se réfère à ce vulgarisateur, plutôt qu'au vicaire Derham lui-même, au sujet de cette opinion particulière sur la voie lactée.

Micromégas, après avoir bien tourné, arriva dans le globe de Saturne. Quelque accoutumé qu'il fût à voir des choses nouvelles, il ne put d'abord, en voyant la petitesse du globe et de ses habitants, se défendre de ce sourire de supériorité qui échappe quelquefois aux plus sages. Car enfin Saturne n'est guère que neuf cents fois plus gros que la terre, et les citoyens de ce pays-là sont des nains qui n'ont

> que mille toises de haut ou environ. Il s'en moqua un peu d'abord avec ses gens, à peu près comme un musicien italien se met à rire de la musique de Lulli quand il vient en France. Mais comme le Sirien avait un bon esprit, il comprit bien vite qu'un être pensant peut fort bien n'être pas ridicule pour n'avoir que six mille pieds de haut.

Eclairons en passant l'allusion à la musique de Lulli et aux moqueries qu'elle encourt de la part d'un musicien italien. On sait qu'il y eut au XVIIIème siècle une grande querelle entre les musiciens français et les musiciens italiens. Cette querelle atteignit son paroxysme vers 1750 et c'est en 1752, l'année même où parut *Micromégas,* que Jean-Jacques Rousseau publia sa *Lettre sur la musique française.* Toutefois, le conflit entre la tradition de Lulli et celle de l'opéra-bouffe italien est déjà ouvert au début du XVIIIème siècle. Voltaire est un partisan de Lulli, qu'il appelle « le père de la vraie musique en France », et il a déjà pris position dans les *Lettres philosophiques,* en écrivant : « Ce sont les mauvais musiciens d'Italie qui méprisent Lulli »

> Il se familiarisa avec les Saturniens, après les avoir étonnés. Il lia une étroite amitié avec le secrétaire de l'Académie de Saturne, homme de beaucoup d'esprit, qui n'avait à la vérité rien inventé, mais qui rendait un fort bon compte des inventions des autres, et qui faisait passablement de petits vers et de grands calculs. Je rapporterai ici, pour la satisfaction des lecteurs, une conversation singulière que Micromégas eut un jour avec M. le secrétaire.

Nous avons déjà eu l'occasion de montrer que Voltaire, dans ce passage, faisait expressément allusion à Fontenelle et nous avons rappelé la petite « tracasserie » que les deux hommes avaient eue en 1738. Nous allons pouvoir nous assurer en lisant le chapitre II que Voltaire exerce sa raillerie, d'ailleurs peu virulente, à l'encontre de certains passages très précis de l'œuvre du secrétaire de l'Académie des Sciences.

CHAPITRE SECOND

Conversation de l'habitant de Sirius avec celui de Saturne

> Après que Son Excellence se fut couchée, et que le secrétaire se fut approché de son visage : « Il faut avouer, dit Micromégas, que la nature est bien variée. – Oui, dit le Saturnien ; la nature est comme un parterre dont les fleurs ... – Ah ! dit l'autre, laissez là votre parterre. – Elle est, reprit le secrétaire, comme une assemblée de blondes et de brunes, dont les parures ... – Eh ! qu'ai-je à faire de vos brunes ? dit l'autre. – Elle est donc comme une galerie de peintures dont les traits ... – Eh non ! dit le voyageur ; encore une fois, la nature est comme la nature. Pourquoi lui chercher des comparaisons ? – Pour vous plaire, répondit le secrétaire. – Je ne veux point qu'on me plaise, répondit le voyageur ; je veux qu'on m'instruise :

Dès le XVIIème siècle, Fontenelle passait pour un bel esprit. La Bruyère l'a peint sous cet aspect dans *Les Caractères,* en 1688, soit deux ans après les *Entretiens sur la pluralité des Mondes.* Et il est certain que c'est dans les *Entretiens* que nous pouvons trouver le plus grand nombre de passages ornés comme ceux auxquels pense Voltaire, puisque Fontenelle lui-même a recherché ce ton et puisqu'il a prétendu, pour mieux exercer ses dons de vulgarisateur, s'adresser à une femme du monde ignorante et frivole.

Nous avons cherché dans les *Entretiens sur la pluralité des Mondes* des passages où la Nature soit ainsi l'objet d'une comparaison en forme. Le plus remarquable se trouve dans le premier Entretien ; la comparaison y est filée avec une ingéniosité assez plaisante, mais dont, après tout, Fontenelle a pu être lui-même le premier à sourire : « Je me figure toujours que la Nature est un grand spectacle qui ressemble à celui de l'Opéra. Du lieu où vous êtes à l'Opéra, vous ne voyez pas les théâtres tout à fait comme ils sont ; on les a disposés pour faire de loin un effet agréable, et on cache à votre vue ces roues et ces contrepoids qui font tous les mouvements. Aussi ne vous embarrassez-vous guère de deviner comment tout cela joue. Il n'y a peut-être que quelque machiniste caché dans le parterre, qui s'inquiète d'un vol qui lui aura paru extraordinaire, et qui veut absolument démêler comment ce vol a été exécuté. Vous voyez bien que ce machiniste-là est assez fait comme les philosophes. Mais ce qui à l'égard des philosophes augmente la difficulté, c'est que, dans les machines que la Nature présente à nos yeux, les cordes sont parfaitement bien cachées, et elles le sont si bien, qu'on a été longtemps à deviner ce qui causait les mouvements de l'univers ; car représentez-vous tous les sages à l'Opéra, ces Pythagore, ces Platon, ces Aristote, et tous ces gens dont le nom fait aujourd'hui tant de bruit dans nos oreilles [...]. Qui verrait la Nature telle qu'elle est ne verrait que le derrière du théâtre de l'Opéra ».

En protestant contre l'usage de tels procédés dans le raisonnement philosophique, Voltaire est bien d'accord avec l'esprit du XVIIIème siècle. Montesquieu notait dans ses *Cahiers* qu'il refusait toujours de répondre aux arguments assortis de métaphores. Comparaison n'est pas raison, a rappelé R. Etiemble. C'est le rationalisme de Voltaire et de Montesquieu qui s'affirme encore dans une telle formule. Comparer, c'est faire chevaucher deux ordres que la raison distingue ; c'est introduire dans le propos une nuance d'inexactitude ou même de fantaisie : c'est donc, en définitive, obscurcir les problèmes que l'on prétend éclairer. User de comparaisons ou de métaphores, c'est faire œuvre de poète, non de philosophe, et on conçoit bien, par cette attitude d'esprit, que la démarche propre aux philosophes du XVIIIème siècle est foncièrement et fondamentalement une démarche antipoétique. Au XXème siècle, au contraire, un Bergson tend à réconcilier la réflexion et la poésie par un recours constant au pouvoir suggestif des métaphores ; mais cette méthode va précisément de pair avec une intention résolument irrationaliste.

En ce qui concerne Fontenelle, il est juste de préciser que le style orné n'est pas chez lui une habitude constante. Il ne s'adresse pas toujours à une marquise imaginaire. Beaucoup plus souvent, il donne l'exemple d'une élégance sobre, qu'il met au service d'une pensée limpide et qui présente des analogies assez remarquables avec celle de Voltaire. Les deux hommes, en réalité, étaient bien faits pour se comprendre, et c'est pourquoi leurs escarmouches intéressent la petite histoire sans engager rien d'essentiel.

> [...] commencez d'abord par me dire combien les hommes de votre globe ont de sens. – Nous en avons soixante et douze, dit l'académicien, et nous nous plaignons tous les jours du peu. Notre imagination va au delà de nos besoins ; nous trouvons qu'avec nos soixante et douze sens, notre anneau, nos cinq lunes, nous sommes trop bornés ; et, malgré toute notre curiosité et le nombre assez grand de passions qui résultent de nos soixante et douze sens, nous avons tout le temps de nous ennuyer. – Je le crois bien, dit Micromégas, car dans notre globe nous avons près de mille sens, et il nous reste encore je ne sais quel désir vague, je ne sais quelle inquiétude, qui nous avertit sans cesse que nous sommes peu de chose, et qu'il y a des êtres beaucoup plus parfaits. J'ai un peu voyagé ; j'ai vu des mortels fort au-dessous de nous ; j'en ai vu de fort supérieurs ; mais je n'en ai vu aucun qui n'ait plus de désirs que de vrais besoins, et plus de besoins que de satisfaction. J'arriverai peut-être un jour au pays où il ne manque rien ; mais jusqu'à présent personne ne m'a donné de nouvelles positives de ce pays-là ». Le Saturnien et le Sirien s'épuisèrent alors en conjectures ; mais, après beaucoup de raisonnements fort ingénieux et fort incertains, il en fallut revenir aux faits.

On peut admettre que Voltaire songe encore aux *Entretiens* de Fontenelle, lorsqu'il fait dire au Saturnien que les habitants de Saturne ont soixante-douze sens. Cette idée, cependant, n'est pas propre à Fontenelle. Cyrano déjà l'avait formulée et Voltaire lui-même l'avait reprise à son compte dans les *Lettres philosophiques* : « Il y a beaucoup d'animaux qui n'ont que deux sens ; nous en avons cinq, ce qui est bien peu de chose, il est à croire qu'il est dans d'autres mondes d'autres animaux qui jouissent de vingt ou trente sens, et que d'autres espèces, encore plus parfaites, ont des sens à l'infini ». Il importe donc de ne pas toujours identifier systématiquement le personnage du Saturnien avec Fontenelle.

Quant à l'habitant de Sirius, au moins dans ce passage, c'est plutôt une notion lockienne qu'il développe en évoquant « je ne sais quel désir vague, je ne sais quelle inquiétude » dont les créatures les mieux pourvues demeurent envahies. (On sait que Voltaire est nourri de la philosophie de Locke et qu'elle est même, parmi les grands systèmes, celui qu'il accepterait le plus volontiers). Locke, en effet, a défini le désir comme une incommodité (uneasiness) qui naît de l'absence de quelque chose, et il a placé cette incommodité à l'origine de toute action. Ici, d'ailleurs, Voltaire ne s'arrête pas à la notion même du désir (défini comme une inquiétude, une absence de repos), car il s'attache surtout à formuler une observation sur le comportement des créatures. Le propre de tout être créé est d'aspirer à plus de ressources encore, alors même qu'il peut apparaître favorisé dans la création. La sagesse consiste dès lors à accommoder notre désir avec notre nature et à ne pas rêver l'impossible. Ici commence à percer l'intention morale du conte. La constatation du relativisme dans l'ordre physique doit entraîner l'élaboration d'un relativisme moral, d'où dépend le véritable bonheur.

« Combien de temps vivez-vous ? dit le Sirien. – Ah ! bien peu, répliqua le petit homme de Saturne. – C'est tout comme chez nous, dit le Sirien ; nous nous plaignons toujours du peu. Il faut que ce soit une loi universelle de la nature. – Hélas ! nous ne vivons, dit le Saturnien, que cinq cents grandes révolutions du soleil. (Cela revient à quinze mille ans ou environ, à compter à notre manière.) Vous voyez bien que c'est mourir presque au moment que l'on est né ; notre existence est un point, notre durée un instant, notre globe un atome. A peine a-t-on commencé à s'instruire un peu que la mort arrive avant qu'on ait de l'expérience. Pour moi, je n'ose faire aucun projet ; je me trouve comme une goutte d'eau dans un océan immense. Je suis honteux, surtout devant vous, de la figure ridicule que je fais dans ce monde. »

Micromégas lui repartit : « Si vous n'étiez pas philosophe, je craindrais de vous affliger en vous apprenant que notre vie est sept cents fois plus longue que la vôtre ; mais vous savez trop bien que quand il faut rendre son corps aux éléments, et ranimer la Nature sous une autre forme, ce qui s'appelle mourir ; quand ce moment de métamorphose est venu, avoir vécu une éternité, ou avoir vécu un jour, c'est précisément la même chose. J'ai été dans des pays où l'on vit mille fois plus longtemps que chez moi, et j'ai trouvé qu'on y murmurait encore. Mais il y a partout des gens de

> bon sens qui savent prendre leur parti et remercier l'auteur de la Nature. Il a répandu sur cet univers une profusion de variétés avec une espèce d'uniformité admirable.

Cette partie du dialogue concernant la durée relative des existences est orientée dans le même esprit que la précédente. Ce qui compte encore ici, c'est moins la constatation d'un fait, d'ailleurs conjectural, que la leçon qu'il est possible d'en tirer. L'instinct de tout être vivant est de vouloir persévérer dans son être et donc de ne pas s'accommoder à l'idée de disparaître un jour, ce jour fût-il même très lointain. Le propre de la sagesse est de corriger une telle tendance, de s'aviser qu'une vie, même longue, n'est rien au regard de l'éternité, et qu'il n'y a donc pas de raison de s'y attacher jalousement comme font la plupart des hommes. Celui qui n'est pas sage se plaint, comme le Saturnien, que « notre existence est un point » ; le sage constate effectivement, tel Micromégas, que notre existence est un point, mais pour en tirer, face à la nécessité de mourir, une pensée consolante : « Quand ce moment de métamorphose est venu, avoir vécu une éternité, ou avoir vécu un jour, c'est précisément la même chose ».

On doit observer ici combien la pensée de Voltaire (ou de son personnage) est proche de celle de Montaigne, dans l'essai *Que philosopher, c'est apprendre à mourir* : « Le long temps vivre et le peu de temps vivre est rendu tout un par la mort. Car le long et le court n'est point aux choses qui ne sont plus. » Il est bon de faire apparaître de nouveau, à cette occasion, l'existence d'une continuité entre Montaigne et Voltaire.

Tout au plus peut-on préciser que Montaigne, dans cet essai, se rattache à une sagesse stoïcienne, alors que Micromégas semble vouloir se consoler du sort commun en évoquant la nécessité de « rendre son corps aux éléments », de « ranimer la nature sous une autre forme » et de se prêter aux « métamorphoses » qui sont la loi de l'univers. Cette notion de métamorphose appartient à la philosophie de Leibniz et il est possible que Voltaire s'y réfère. Mais elle va être méditée par les savants et par les philosophes du XVIIIème siècle, par Diderot en particulier. Elle se retrouvera dans le système des matérialistes modernes. Jean Barois, le héros de Roger Martin du Gard, évoque dans son testament « le retour aux lentes évolutions de la germination éternelle ».

> Par exemple tous les êtres pensants sont différents, et tous se ressemblent au fond par le don de la pensée et des désirs. La matière est partout étendue ; mais elle a dans chaque globe des propriétés diverses. Combien comptez-vous de ces propriétés, dit le Saturnien, sans lesquelles nous croyons que ce globe ne pourrait subsister tel qu'il est, nous en comptons trois cents, comme l'étendue, l'impénétrabilité, la mobilité, la gravitation, la divisibilité et le reste. – Apparemment, répliqua le voyageur, que ce petit nombre suffit aux vues que le Créateur avait sur votre petite habitation. J'admire en tout sa sagesse ; je vois partout des différences, mais aussi partout des proportions. Votre globe est petit, vos habitants le sont aussi ; vous avez

> peu de sensations ; votre matière a peu de propriétés ; tout cela est l'ouvrage de la Providence. De quelle couleur est votre soleil bien examiné ? – D'un blanc fort jaunâtre, dit le Saturnien ; et quand nous divisons un de ses rayons, nous trouvons qu'il contient sept couleurs. – Notre soleil tire sur le rouge, dit le Sirien, et nous avons trente-neuf couleurs primitives. Il n'y a pas un soleil, parmi tous ceux dont j'ai approché, qui se ressemble, comme chez vous il n'y a pas un visage qui ne soit différent de tous les autres ».

La conversation se porte donc maintenant sur un sujet qui concerne essentiellement les physiciens, celui des propriétés de la matière. Nous devons admettre ici encore qu'une fois la part faite aux exigences du mythe, les personnages expriment les idées de Voltaire, car sur ce problème il a émis une opinion beaucoup plus ferme que sur celui du nombre des sens, qui ne l'entraînait qu'à des conjectures. Il écrivait dans les *Éléments de la Philosophie de Newton* et plus nettement encore dans les *Lettres philosophiques* que la matière a peut-être des propriétés à l'infini. On aurait donc tort de croire ici que Voltaire plaisante. Il expose, par l'intermédiaire du Saturnien et de Micromégas, le résultat de ses méditations de Cirey sur la physique et sur le progrès des analyses effectuées par les physiciens.

> Après plusieurs questions de cette nature, il s'informa combien de substances essentiellement différentes on comptait dans Saturne. Il apprit qu'on n'en comptait qu'une trentaine, comme Dieu, l'espace, la matière, les êtres étendus qui sentent, les êtres étendus qui

> sentent et qui pensent, les êtres pensants qui n'ont point d'étendue ; ceux qui se pénètrent, ceux qui ne se pénètrent pas, et le reste. Le Sirien, chez qui on en comptait trois cents, et qui en avait découvert trois mille autres dans ses voyages, étonna prodigieusement le philosophe de Saturne. Enfin, après s'être communiqué l'un à l'autre un peu de ce qu'ils savaient et beaucoup de ce qu'ils ne savaient pas, après avoir raisonné pendant une révolution du Soleil, ils résolurent de faire ensemble un petit voyage philosophique.

Aux considérations sur le nombre des propriétés de la matière succèdent d'autres considérations sur le nombre des substances : nous passons ainsi de la physique à la métaphysique. Dès lors, Voltaire cesse d'être en accord avec ses personnages, auxquels il prête les illusions communes à tous les métaphysiciens. Y a-t-il trente substances ? ou trois cents ? ou trois mille trois cents ? Pour lui, la question est oiseuse.

Bref, Micromégas et son compagnon disent des choses excellentes quand ils parlent de physique ; ils s'égarent quand ils parlent de métaphysique ; et comme leur dialogue est très libre, ils arrivent à se communiquer l'un à l'autre « un peu de ce qu'ils savaient et beaucoup de ce qu'ils ne savaient pas ». Cette erreur, c'est celle des hommes, qui pourraient s'entendre sur des vérités évidentes et qui aiment mieux, la plupart du temps, se quereller ou se battre sur des conjectures. Dans ce domaine, la sagesse est donc de ne pas poser de problèmes insolubles et surtout de ne pas en disputer avec passion, de s'en tenir aux faits et de renoncer aux vanités dangereuses de la métaphysique. Ainsi, dans ce second chapitre, Voltaire, après avoir formulé une sagesse pratique, esquisse une critique de la Connaissance, la clef de sa réflexion demeurant d'un bout à l'autre du chapitre, comme d'un bout à l'autre du conte, une méditation sur la relativité universelle.

CHAPITRE TROISIÈME

Voyage des deux habitants de Sirius et de Saturne

Nos deux philosophes étaient prêts à s'embarquer dans l'atmosphère de Saturne avec une fort jolie provision d'instruments mathématiques, lorsque la maîtresse du Saturnien, qui en eut des nouvelles, vint en larmes faire ses remontrances. C'était une jolie petite brune qui n'avait que six cent soixante toises, mais qui réparait par bien des agréments la petitesse de sa taille. « Ah ! cruel ! s'écria-t-elle, après t'avoir résisté quinze cents ans, lorsqu'enfin je commençais à me rendre, quand j'ai à peine passé cent ans entre tes bras, tu me quittes pour aller voyager avec un géant d'un autre monde ; va, tu n'es qu'un curieux, tu n'as jamais eu d'amour : si tu étais un vrai Saturnien, tu serais fidèle. Où vas-tu courir ? Que veux-tu ? Nos cinq lunes sont moins errantes que toi, notre anneau est moins changeant. Voilà qui est fait, je n'aimerai jamais plus personne ». Le philosophe l'embrassa, pleura avec elle, tout philosophe qu'il était ; et la dame, après s'être pâmée, alla se consoler avec un petit-maître du pays.

L'insertion de cet épisode montre le souci qu'a Voltaire de varier son récit. La discussion entre Micromégas et le Saturnien avait pris un tour résolument philosophique et l'attention du lecteur avait dû se fixer pendant quelques moments sur des problèmes sérieux, quoique traités de façon plaisante. Il s'agit de créer une détente et comme une récréation. Le romanesque intervient pour nous reposer de l'idéologie. Naturellement ce romanesque est conventionnel à souhait : Voltaire imite et même parodie des thèmes amoureux qui avaient cours dans la littérature narrative de l'époque. On ne doit pas oublier que le XVIIIème siècle, siècle des idées, est aussi plus qu'aucun autre un siècle de libertinage. Quant au dosage que nous trouvons ici entre les considérations philosophiques et les développements frivoles, Montesquieu en avait donné l'exemple à Voltaire dans les *Lettres persanes*. On sait qu'une intrigue de harem se développe tout au long de la correspondance des Persans. C'est d'ailleurs la partie la plus fade de l'ouvrage de Montesquieu. Voltaire, lui, passe rapidement sur de telles fadeurs. Il y a consacré juste le temps de reprendre haleine. Nous ne saurions, de notre côté, nous attarder davantage.

> Cependant nos deux curieux partirent ; ils sautèrent d'abord sur l'anneau, qu'ils trouvèrent assez plat, comme l'a fort bien deviné un illustre habitant de notre petit globe ; de là ils allèrent de lune en lune. Une comète passait tout auprès de la dernière ; ils s'élancèrent sur elle avec leurs domestiques et leurs instruments. Quand ils eurent fait environ cent cinquante millions de lieues, ils rencontrèrent les satellites de Jupiter. Ils passèrent dans Jupiter même, et y restèrent une année, pendant laquelle ils apprirent de fort beaux

> secrets qui seraient actuellement sous presse sans messieurs les inquisiteurs, qui ont trouvé quelques propositions un peu dures. Mais j'en ai lu le manuscrit dans la bibliothèque de l'illustre archevêque de ..., qui m'a laissé voir ses livres avec cette générosité et cette bonté qu'on ne saurait assez louer.

« L'illustre habitant de notre petit globe » qui a signalé les caractéristique de l'anneau de Saturne est Huyghens, dans son *Système saturnien.* Huyghens observe que « l'anneau n'est pas rattaché à Saturne, mais séparé de lui de tous côtés par un intervalle égal ». Il ajoute, plus loin, que Saturne « est entouré d'un anneau mince et plan ».

L'allusion à l'illustre archevêque, à la fin du paragraphe, est plus obscure. On pourrait à la rigueur supposer que le personnage ici évoqué est imaginaire et qu'il s'agit d'un détail gratuit. Il est bon de savoir, cependant, que, dans les premières éditions, Voltaire s'étendait davantage sur le compte de cet archevêque et qu'une phrase importante a été supprimée : « Aussi je lui promets un long article dans la première édition qu'on fera de Moreri, et je n'oublierai pas surtout messieurs ses enfants qui donnent une si grande espérance de perpétuer la race de leur illustre père ». Voltaire désigne sous le nom de Moreri le *Grand Dictionnaire historique de Moreri,* plusieurs fois réimprimé depuis sa première édition en 1674. Ainsi, il promet plaisamment de consacrer la gloire de son personnage dans une sorte de biographie, et ce trait supplémentaire semble confirmer la réalité de l'allusion. En outre, Voltaire donne à cet archevêque des enfants. On doit dès lors se demander s'il ne songe pas à quelque prélat réputé pour mener une vie privée scandaleuse. M. Wade avance le nom de l'archevêque Tencin, frère de Mme de Tencin, oncle de d'Argental, dont Voltaire évoque dans une lettre de 1739 la récente accession au cardinalat. Les mémorialistes du temps et en particulier Saint-Simon lui ont prêté des mœurs dissolues. Peut-être Voltaire a-t-il supprimé une précision qui, pour des contemporains, risquerait d'être trop indiscrète et de désigner trop nettement quelqu'un. Toutefois l'explication ne peut être donnée ici que comme probable.

> Mais revenons à nos voyageurs. En sortant de Jupiter, ils traversèrent un espace d'environ cent millions de lieues, et ils côtoyèrent la planète de Mars, qui, comme on sait, est cinq fois plus petite que notre petit globe ; ils virent deux lunes qui servent à cette planète, et qui ont échappé aux regards de nos astronomes. Je sais bien que le père Castel écrira, et même assez plaisamment, contre l'existence de ces deux lunes ; mais je m'en rapporte à ceux qui raisonnent par analogie. Ces bons philosophes-là savent combien il serait difficile que Mars, qui est si loin du soleil, se passât à moins de deux lunes.

Voici maintenant un autre ecclésiastique, nommé, celui-là, par Voltaire, un Jésuite, le Révérend Père Castel, demeuré célèbre pour avoir inventé un clavecin oculaire, instrument fondé sur le principe d'une correspondance entre les couleurs et les sons. Cette invention devait passionner Diderot, comme elle a d'ailleurs intéressé

Voltaire, et il est d'usage de s'y référer lorsque l'étude de Baudelaire, notamment, incite à poser le problème des synesthésies.

Mais le père Castel était aussi un polémiste dont Voltaire avait à se plaindre. Une lette à Maupertuis nous apprend que le *Journal de Trévoux* avait imprimé sous sa signature, en 1738, des attaques contre lui. Voltaire, de son côté, le prend souvent à partie dans sa correspondance, parfois même avec violence et en le traitant comme une sorte de fou.

Nous ne savons si le père Castel a jamais contesté l'hypothèse des deux lunes de la planète Mars : Voltaire, d'ailleurs, évoque son intervention au futur. Mais le texte de *Micromégas* se réfère aussi « à ceux qui raisonnent par analogie » et la tentation est forte de rappeler ici un raisonnement analogique de Kepler lui-même sur ce sujet. Ecrivant à Galilée, Kepler s'exprimait en ces termes (nous traduisons) : « Bien loin de nier l'existence des quatre satellites de Jupiter, je souhaiterais de découvrir au télescope avant vous, si possible, deux satellites de Mars, ainsi que les dimensions proportionnelles semblent le requérir ; six ou huit satellites de Saturne ; et peut-être un satellite de Mercure et de Vénus ». Il est impossible d'établir que Voltaire a eu connaissance de cette spéculation de Kepler. Comme il parle à ce propos de « ces bons philosophes » qui raisonnent par analogie, on croirait plus volontiers qu'il ne songe pas à un astronome. On retiendra du moins la place que le raisonnement par analogie tenait dans la science du temps : bien que Voltaire y recoure parfois lui-même, il semble ici s'exprimer à ce propos avec une sorte d'ambiguïté voulue. La seule connaissance vraiment valable à ses yeux est celle qui repose sur l'expérience.

> Quoi qu'il en soit, nos gens trouvèrent cela si petit qu'ils craignirent de ne pas trouver de quoi coucher, et ils passèrent leur chemin comme deux voyageurs qui dédaignent un mauvais cabaret de village et poussent jusqu'à la ville voisine. Mais le Sirien et son compagnon se repentirent bientôt. Ils allèrent longtemps et ne trouvèrent rien. Enfin ils aperçurent une petite lueur : c'était la Terre ; cela fit pitié à des gens qui venaient de Jupiter. Cependant, de peur de se repentir une seconde fois, ils résolurent de débarquer. Ils passèrent sur la queue de la comète, et, trouvant une aurore boréale toute prête, ils se mirent dedans, et arrivèrent à terre sur le bord septentrional de la mer Baltique, le cinq juillet mil sept cent trente-sept, nouveau style.

La fin de ce chapitre n'appelle pas un long commentaire. Elle fournit, du moins, la date très exacte que Voltaire a choisie pour celle de l'aventure terrestre des voyageurs. Cette date n'est pas très éloignée de celle à laquelle *Micromégas* fut composé. Nous verrons bientôt qu'elle n'est pas donnée au hasard et qu'elle correspond dans l'esprit de l'écrivain à des circonstances historiques précises.

CHAPITRE QUATRIÈME

Ce qui leur arriva sur le globe de la Terre

Après s'être reposé quelque temps, ils mangèrent à leur déjeuner deux montagnes, que leurs gens leur apprêtèrent assez proprement. Ensuite ils voulurent reconnaître le petit pays où ils étaient. Ils allèrent d'abord du Nord au Sud. Les pas ordinaires du Sirien et de ses gens étaient d'environ trente mille pieds de roi ; le nain de Saturne suivait de loin en haletant : or il fallait qu'il fît environ douze pas, quand l'autre faisait une enjambée : figurez-vous (s'il est permis de faire de telles comparaisons) un très petit chien de manchon qui suivrait un capitaine des gardes du roi de Prusse.

M. Wade observe que le détail plaisant des montagnes accommodées pour le déjeuner des deux voyageurs paraît en contradiction, du point de vue de la logique pure, avec celui qui est donné un peu plus loin : « tous ces petits grains pointus dont ce globe est hérissé, et qui m'ont écorché les pieds (il voulait parler des montagnes) ». Il semble en effet que des aspérités capables d'écorcher les pieds doivent être avalées difficilement, quelle que soit l'habileté du cuisinier... Il est vrai que nous sommes dans le domaine de la fantaisie, quant aux circonstances du récit, mais d'une fantaisie où la logique interne ne doit jamais faiblir, parce qu'elle est la règle du jeu. Aussi est-il intéressant d'observer que l'absorption de deux montagnes est un détail pittoresque ajouté par Voltaire dans les éditions à partir de 1754. Voltaire peut ne s'être pas avisé, en l'ajoutant, de la légère incohérence qu'il créait dans le récit. Il peut d'ailleurs aussi s'en être avisé et avoir passé outre. Quoi qu'il en soit, ce n'est pas dans le même élan créateur qu'il a conçu les diverses indications du récit sur les montagnes de la Terre.

On notera encore au passage l'évocation d' « un très petit chien de manchon qui suivrait un capitaine des gardes du roi de Prusse ». Les soldats du roi de Prusse et surtout ceux de la garde royale étaient réputés pour leur stature. Pour rendre compte de ce détail, il n'est pas besoin de rappeler le séjour que fit Voltaire à Potsdam, bien après la rédaction de *Micromégas,* puisqu'il écrit à Frédéric, dès le 25 avril 1739 : « *Vos grands grenadiers* ne me feront point de mal, quand je leur montrerai de vos lettres ». Un peu plus loin dans le récit, Voltaire se réfère à « quelque capitaine des grands grenadiers ».

> Comme ces étrangers-là vont assez vite, ils eurent fait le tour du globe en trente-six heures ; le Soleil, à la vérité, ou plutôt la Terre, fait un pareil voyage en une journée ; mais il faut songer qu'on va bien plus à son aise quand on tourne sur son axe que quand on marche sur ses pieds. Les voilà donc revenus d'où ils étaient partis, après avoir vu cette mare, presque imperceptible pour eux, qu'on nomme *La Méditerranée,* et cet autre petit étang qui, sous le nom du *Grand Océan,* entoure la taupinière. Le nain n'en avait eu jamais qu'à mi-jambe, et à peine l'autre avait-il mouillé son talon.

Ici encore se pose un petit problème de cohérence. L'habitant de Saturne, traversant l'Océan, n'a jamais de l'eau qu'à mi-jambe. Or il mesure environ mille toises ou six mille pieds, c'est-à-dire deux mille mètres environ, et certaines profondeurs sous-marines atteignent dix mille mètres... Mais cela, nous le savons aujourd'hui, grâce aux progrès de l'océanographie. Au temps de Voltaire, on ne soupçonnait pas de telles profondeurs. Voici un texte de Voltaire lui-même qui l'atteste (« Digression sur la manière dont notre globe a pu être inondé ») : « On compte aujourd'hui que la mer, en prenant ensemble les fonds qu'on a sondés et ceux qui sont inaccessibles à la sonde, peut avoir environ mille pieds de profondeur ». Mille pieds, pour un être anthropomorphe qui en mesure six mille, c'est bien jusqu'à mi-jambe... L'évaluation de Voltaire est conforme à l'arithmétique, sinon aux données actuelles de la science. Une indication du même genre est d'ailleurs fournie par Swift, car l'écrivain anglais note que Gulliver, marchant dans les mers de Lilliput, n'a pas d'eau beaucoup plus haut que ses genoux... Encore une présomption en faveur de la présence de souvenirs de Swift dans le texte de Voltaire.

> Ils firent tout ce qu'ils purent en allant et en revenant dessus et dessous pour tâcher d'apercevoir si ce globe était habité ou non. Ils se baissèrent, ils se couchèrent, ils tâtèrent partout ; mais leurs yeux et leurs mains n'étant point proportionnés aux petits êtres qui rampent ici, ils ne reçurent pas la moindre sensation qui pût leur faire soupçonner que nous

> et nos confrères les autres habitants de ce globe avons l'honneur d'exister.

Voltaire, par l'exercice de sa réflexion, effleure ici une notion qui aura plus tard une grande influence lors du développement de la psychologie expérimentale, celle du seuil sensoriel au-dessous duquel une excitation ne produit pas un fait de conscience. Ce seuil varie selon les espèces animales, ce qui ne signifie pas selon les dimensions de chaque espèce. Il est notoire qu'une bête sauvage comme un loup possède une vue, une audition et un odorat beaucoup plus affinés qu'un homme ; il en est de même pour un chien et surtout pour certaines races de chiens. L'arithmétique pure n'est évidemment pas de mise dans ce domaine. Il n'en est pas moins normal d'admettre en principe que des espèces géantes par rapport aux dimensions humaines aient des sens incapables de transmettre certaines excitations auxquelles réagit la conscience de l'homme.

> Le nain, qui jugeait quelquefois un peu trop vite, décida d'abord qu'il n'y avait personne sur la terre. Sa première raison était qu'il n'avait vu personne. Micromégas lui fit sentir poliment que c'était raisonner assez mal : « Car, disait-il, vous ne voyez pas avec vos petits yeux certaines étoiles de la cinquantième grandeur que j'aperçois très distinctement ; concluez-vous de là que ces étoiles n'existent pas ? – Mais, dit le nain, j'ai bien tâté. – Mais, répondit l'autre, vous avez mal senti. – Mais, dit le nain, ce globe-ci est si mal construit, cela est si irrégulier et d'une forme qui paraît si ridicule ! tout semble être ici

dans le chaos : voyez-vous ces petits ruisseaux dont aucun ne va de droit fil, ces étangs qui ne sont ni ronds, ni carrés, ni ovales, ni sous aucune forme régulière ; tous ces petits grains pointus dont ce globe est hérissé, et qui m'ont écorché les pieds ? (Il voulait parler des montagnes.) Remarquez-vous encore la forme de tout le globe, comme il est plat aux pôles, comme il tourne autour du soleil d'une manière gauche, de façon que les climats du pôle sont nécessairement incultes ? En vérité, ce qui fait que je pense qu'il n'y a ici personne, c'est qu'il me paraît que des gens de bon sens ne voudraient pas y demeurer.
– Eh bien, dit Micromégas, ce ne sont peut-être pas non plus des gens de bon sens qui l'habitent. Mais enfin il y a quelque apparence que ceci n'est pas fait pour rien. Tout vous paraît irrégulier ici, dites-vous, parce que tout est tiré au cordeau dans Saturne et dans Jupiter. Eh ! c'est peut-être par cette raison-là même qu'il y a ici un peu de confusion. Ne vous ai-je pas dit que dans mes voyages j'avais toujours remarqué de la variété ? » Le Saturnien répliqua à toutes ces raisons.

Il y a dans toute cette discussion des éléments très divers. Nous relevons des notions scientifiques sur la conformation et sur le climat des pôles qui viennent des travaux de Newton et de Huyghens et qui ont été vérifiées d'ailleurs par un voyage d'exploration, presque contemporain de la composition de *Micromégas,* dont nous aurons à rappeler les épisodes. Nous relevons aussi des considérations métaphysiques, dues au géant de Sirius, sur l'ordre qui doit régner dans l'univers. Aux yeux de Voltaire, les données scientifiques sont certaines et définitivement acquises. L'hypothèse métaphysique d'une finalité universelle est raisonnable parce qu'elle nous invite à une certaine sagesse en empêchant de juger trop vite des situations relatives et Voltaire incline personnellement à ne pas la rejeter, mais elle demeure vague et conjecturale : à ce titre, elle prête à des discussions infinies et inutiles. Ici encore se fait jour la notion d'une frontière entre les faits positivement fondés et la spéculation idéologique ; ici encore nous retrouvons l'une des principales leçons du conte tout entier.

Mais le passage appelle une remarque d'un autre ordre. Le Saturnien, nous dit Voltaire, a le défaut de juger quelquefois un peu trop vite et décide qu'il n'y a personne sur la terre, uniquement parce qu'il n'y voit personne. Or nous avons vu plus haut que Voltaire prêtait à ce personnage des traits de Fontenelle. Il est amusant de noter que Fontenelle a précisément réagi contre la précipitation du jugement et contre la tendance à outrepasser les résultats d'une expérience imparfaite ; il a même pris comme un exemple à ce propos, dans le deuxième entretien sur la pluralité des mondes, d'imprudentes conjectures relatives à la présence ou à l'absence d'habitants en un endroit donné. « Supposons, écrit-il, qu'il n'y ait jamais eu nul commerce entre Paris et Saint-Denis, et qu'un bourgeois de Paris, qui ne sera jamais sorti de sa ville, soit sur les tours de Notre-Dame et voie Saint-Denis de loin ; on lui demandera s'il croit que Saint-Denis soit habité comme Paris. Il répondra hardiment que non...

il s'obstinera toujours à soutenir que Saint-Denis n'est point habité, puisqu'il n'y voit personne ». Si, comme on peut le supposer, Voltaire se souvient de ce passage, on doit lui prêter, dans *Micromégas,* une malice qui frise la perfidie, puisque le lecteur incline à voir Fontenelle derrière le Saturnien. Il serait excessif de le taxer de mauvaise foi, cependant, parce qu'enfin le Saturnien *n'est pas* Fontenelle. Disons seulement que Voltaire s'amuse à brouiller un peu les cartes.

> La dispute n'eût jamais fini, si par bonheur Micromégas, en s'échauffant à parler, n'eût cassé le fil de son collier de diamants. Les diamants tombèrent ; c'étaient de jolis carats assez inégaux, dont les plus gros pesaient quatre cents livres, et les plus petits cinquante. Le nain en ramassa quelques-uns ; il s'aperçut, en les approchant de ses yeux, que ces diamants, de la façon dont ils étaient taillés, étaient d'excellents microscopes. Il prit donc un petit microscope de cent soixante pieds de diamètre, qu'il appliqua à sa prunelle ; et Micromégas en choisit un de deux mille cinq cents pieds. Ils étaient excellents ; mais d'abord on ne vit rien que par leur secours : il fallait s'ajuster. Enfin l'habitant de Saturne vit quelque chose d'imperceptible qui remuait entre deux eaux dans la mer Baltique : c'était une baleine. Il la prit avec le petit doigt fort adroitement ; et la mettant sur l'ongle de son pouce, il la fit voir au Sirien, qui se mit à rire pour la seconde fois de l'excès de petitesse dont étaient les habitants de notre globe. Le Saturnien, convaincu que notre monde était habité, s'imagina bien vite qu'il ne l'était que par des baleines ; et comme il était grand raisonneur, il voulut deviner d'où un si petit atome tirait son mouvement, s'il avait des idées, une volonté, une liberté. Micromégas y fut fort

> embarrassé ; il examina l'animal fort patiemment, et le résultat de l'examen fut qu'il n'y avait pas moyen de croire qu'une âme fût logée là.

Dans ce passage, le Saturnien donne un nouvel exemple de sa tendance à la généralisation hâtive en supposant que la Terre n'est habitée que par des baleines. En outre, les deux voyageurs tombent de nouveau dans le travers bien humain de prendre leur expérience comme point de départ de rêveries métaphysiques. Certains commentateurs croient que la conjecture finale de Micromégas sur l'impossibilité qu'une âme se loge dans un corps aussi petit que celui d'une baleine correspond à une attaque de Voltaire contre le dogme chrétien qui refuse une âme à tout ce qui n'est pas de race humaine. L'intention ne nous paraît pas évidente ici. Ce qui est vrai, c'est que, depuis Descartes et sa théorie des animaux-machines, le problème de l'âme des bêtes demeure à l'ordre du jour et que Voltaire aime à le poser, tout en refusant de le résoudre.

> Les deux voyageurs inclinaient donc à penser qu'il n'y a point d'esprit dans notre habitation, lorsqu'à l'aide du microscope ils aperçurent quelque chose d'aussi gros qu'une baleine qui flottait sur la mer Baltique. On sait que dans ce temps-là même une volée de philosophes revenait du cercle polaire, sous lequel ils avaient été faire des observations dont personne ne s'était avisé jusqu'alors. Les gazettes dirent que leur vaisseau échoua aux côtes de Botnie, et qu'ils eurent bien de la peine à se sauver ; mais on ne sait jamais dans ce monde le dessous des cartes. Je vais

raconter ingénument comme la chose se passa, sans y rien mettre du mien : ce qui n'est pas un petit effort pour un historien.

Nous voici arrivés aux allusions historiques les plus précises. Voltaire songe à l'expédition accomplie au Pôle Nord en 1736 et 1737 par le savant Maupertuis et par ses cinq compagnons.

Les relations de Voltaire avec Maupertuis datent de 1733. Voltaire s'était adressé à lui pour corriger les passages des *Lettres philosophiques* relatifs à Newton. A la même époque, Maupertuis devint le professeur de mathématiques de Mme du Châtelet.

Maupertuis et ses compagnons quittèrent Dunkerque le 2 mai 1736. Ils firent escale à Elseneur, au Danemark, le 11 mai, puis à Stockholm, dix jours plus tard. De là ils avancèrent jusqu'à Tornea, où commencèrent les expériences scientifiques destinées à faire le point de la lattitude et de la longitude. L'expédition repartit vers la France le 9 juin 1737, mais une tempête fit dériver le bateau vers le golfe de Botnie, qui baigne la Finlande et la Suède. Le bateau, une fois réparé, put repartir le 18 juillet et les explorateurs revinrent à Paris le 20 août. On voit donc que la date fournie à la fin du chapitre III : 5 juillet 1737, est comprise dans la période où le convoi dut séjourner dans le golfe de Botnie et que les indications fournies par Voltaire sont exactes, si l'on tient compte du fait que, pour les besoins du récit, l'écrivain a feint de mettre en doute la réalité du séjour dans ledit golfe.

Maupertuis rédigea une relation de son voyage qui fut lue à l'Académie des Sciences le 13 novembre 1737. Là-dessus, Voltaire et Mme du Châtelet s'efforcèrent de l'attirer à Cirey. Maupertuis y passa quatre jours en janvier 1739 et dix jours en mars. Ces deux séjours furent quelque peu orageux et aboutirent à un rafraîchissement des relations. Si l'on considère que *Micromégas* fut rédigé vers cette date, on doit donc y voir l'écho non seulement d'un événement qui avait passionné les savants de l'époque, mais encore des relations privées qui s'étaient établies entre Voltaire et le chef de l'expédition. Le passage s'éclaire à la lumière d'une actualité bien déterminée : il en est ainsi bien souvent avec Voltaire, dont la réflexion philosophique s'exerce à propos de la réalité quotidienne.

CHAPITRE CINQUIÈME

Expériences et raisonnements des deux voyageurs

Micromégas étendit la main tout doucement vers l'endroit où l'objet paraissait, et avançant deux doigts, et les retirant par la crainte de se tromper, puis les ouvrant et les serrant, il saisit fort adroitement le vaisseau qui portait ces messieurs, et le mit encore sur son ongle, sans le trop presser, de peur de l'écraser. « Voici un animal bien différent du premier », dit le nain de Saturne ; le Sirien mit le prétendu animal dans le creux de sa main. Les passagers et les gens de l'équipage, qui s'étaient crus enlevés par un ouragan, et qui se croyaient sur une espèce de rocher, se mettent tous en mouvement ; les matelots prennent des tonneaux

> de vin, les jettent sur la main de Micromégas, et se précipitent après. Les géomètres prennent leurs quarts de cercle, leurs secteurs, et deux filles lapones, et descendent sur les mains du Sirien. Ils en firent tant qu'il sentit enfin remuer quelque chose qui lui chatouillait les doigts : c'était un bâton ferré qu'on lui enfonçait d'un pied dans l'index ; il jugea, par ce picotement, qu'il était sorti quelque chose du petit animal qu'il tenait ; mais il n'en soupçonna pas d'abord davantage. Le microscope, qui faisait à peine discerner une baleine et un vaisseau, n'avait point de prise sur un être aussi imperceptible que des hommes.

Nous pouvons passer rapidement sur les détails pittoresques imaginés par Voltaire dans cet épisode de transition, au cours duquel les deux voyageurs tâchent de percer le mystère de ce « petit animal » qu'ils sont parvenus à discerner, et qui est en réalité le vaisseau de l'expédition. Nous avons déjà eu l'occasion de signaler que plusieurs de ces détails (les « quarts de cercle » utilisés par les géomètres, les bâtons pointus qui viennent chatouiller la chair d'un géant) paraissent empruntés à Swift ou du moins ont déjà été imaginés par Swift. Cependant une indication, apparemment bizarre, doit être encore éclairée par les circonstances historiques : celle qui concerne « deux filles lapones » emportées par les géomètres avec leur instruments. Il faut savoir que Maupertuis et ses confrères avaient effectivement ramené de leur expédition deux lapones. Les journaux s'en étaient égayés et Voltaire en avait été frappé, car il a évoqué l'affaire à plusieurs reprises : il a composé, notamment, un poème en faveur de ces deux malheureuses, arrachées à leur patrie pour la curiosité des voyageurs et pour la gloire de la Science.

> Je ne prétends choquer ici la vanité de personne, mais je suis obligé de prier les importants de faire ici une petite remarque avec moi : c'est qu'en prenant la taille des hommes d'environ cinq pieds, nous ne faisons pas sur la terre une plus grande figure qu'en ferait sur une boule de dix pieds de tour un animal qui aurait à peu près la six cent millième partie d'un pouce en hauteur. Figurez-vous une substance qui pourrait tenir la Terre dans sa main, et qui aurait des organes en proportion des nôtres ; et il se peut très bien faire qu'il y ait un grand nombre de ces substances : or concevez, je vous prie, ce qu'elles penseraient de ces batailles qui nous ont valu deux villages qu'il a fallu rendre.
>
> Je ne doute pas que si quelque capitaine des grands grenadiers lit jamais cet ouvrage, il ne hausse de deux grands pieds au moins les bonnets de sa troupe ; mais je l'avertis qu'il aura beau faire, et que lui et les siens ne seront jamais que des infiniment petits.

Pour donner une illustration concrète de la petitesse de l'homme, Voltaire recourt à une comparaison qui lui est familière. On la retrouve dans le recueil de réflexions réunies sous le nom de *Sottisier* : « Un homme de six pieds fait sur la terre la même figure précisément que fait sur une boule de quatre pieds de circonférence un animal qui serait à cette circonférence de boule comme un est à quatre-vingt onze millions cinq cent mille zéro zéro ou un » ; ou encore, de façon plus pittoresque, dans le même texte : « Un homme fait sur la Terre la même figure qu'un pou d'une ligne de hauteur et d'un cinquième de largeur sur une montagne de 15 700 pieds ou environ de circuit ».

Mais le plus grand intérêt de ce passage tient à la liaison inattendue qu'établit Voltaire entre la petitesse des hommes et l'absurdité de la guerre. Aucun commentateur, à notre connaissance, n'a rappelé une page des *Caractères* de La Bruyère, dans le chapitre *Des Jugements.* « Petits hommes hauts de six pieds, tout au plus de sept, qui vous enfermez aux foires comme géants et comme des pièces rares dont il faut acheter la vue dès que vous allez jusqu'à huit pieds... » De même, Voltaire évoque des hommes de cinq pieds (1,65 m. environ), taille ordinaire pour l'espèce, et déclare qu'un capitaine aura beau hausser de deux grands pieds les bonnets d'une troupe de grands grenadiers, lui et les siens ne seront que des infiniment petits. D'un côté, une référence aux géants de la foire ; de l'autre, une référence aux soldats de parade ; mais pour observer dans les deux cas que tout cela ne change rien à la petitesse congénitale de l'espèce. Or La Bruyère prend cette constatation pour point de départ d'un réquisitoire violent contre les mœurs guerrières, et il compare les guerriers habillés de fer à quatre puces célèbres qu'un charlatan montrait dans une fiole, toutes cuirassées et allant par bonds et par sauts dans leur bouteille. Mais ce n'est pas tout. Il imagine un géant grand comme une montagne qui parviendrait à se donner le spectacle des hommes en guerre et qui mesurerait, du haut de sa grandeur, le ridicule d'un tel spectacle : « Prenez un homme de la taille du mont Athos, pourquoi non ? Une âme serait-elle embarrassée d'animer un tel corps ? elle en serait plus au large. Si cet homme avait la vue assez subtile pour vous découvrir quelque part sur la terre avec vos armes offensives et défensives, que croyez-vous qu'il penserait de petits marmousets ainsi équipés et de ce que vous appelez guerre, cavalerie, infanterie, un mémorable siège, une fameuse journée ? ».

Il est vraisemblable que, dans notre chapitre de *Micromégas,* Voltaire se souvient de cette idée, qu'a eue La Bruyère avant lui, de condamner la guerre en rappelant l'humanité au sentiment de son insignifiance. Nous savons, par sa correspondance, qu'il a relu La Bruyère entre 1735 et 1738 ; il l'appelle, dans une lettre de 1738, « l'amer, le satirique La Bruyère » ; il se rattache comme lui à toute une tradition pacifiste qui passe par Montaigne et, ainsi que nous le verrons un peu plus loin, par Cyrano.

Mais ce pacifisme, Voltaire l'a bien pris à son compte. On le trouvait déjà formulé dans les *Lettres philosophiques* (Lettre sur les Quakers) ; on le retrouve dans l'article *Guerre* du *Dictionnaire philosophique,* et aussi dans *Candide.* C'est l'un des thèmes qui lui tiennent le plus au cœur et qui lui font perdre le sang-froid qu'il affecte volontiers. Nous ne devons pas douter que sa sensibilité, si injustement niée parfois, soit engagée tout entière dans cette condamnation ;

c'est seulement par méthode qu'il recourt, pour formuler son sentiment, à l'ironie philosophique.

> Quelle adresse merveilleuse ne fallut-il donc pas à notre philosophe de Sirius pour apercevoir les atomes dont je viens de parler ! Quand Leuwenhoek et Hartsoeker virent les premiers, ou crurent voir la graine dont nous sommes formés, ils ne firent pas à beaucoup près une si étonnante découverte. Quel plaisir sentit Micromégas en voyant remuer ces petites machines, en examinant tous leurs tours, en les suivant dans toutes leurs opérations ! comme il s'écria ! comme il mit avec joie un de ses microscopes dans les mains de son compagnon de voyage ! « Je les vois, disaient-ils tous deux à la fois ; ne les voyez-vous pas qui portent des fardeaux, qui se baissent, qui se relèvent ». En parlant ainsi, les mains leur tremblaient, par le plaisir de voir des objets si nouveaux, et par la crainte de les perdre. Le Saturnien, passant d'un excès de défiance à un excès de crédulité, crut apercevoir qu'ils travaillaient à la propagation. *Ah !* disait-il, *j'ai pris la nature sur le fait.* Mais il se trompait sur les apparences : ce qui n'arrive que trop ; soit qu'on se serve ou non de microscopes.

Nous ne reviendrons pas sur l'œuvre des deux naturalistes hollandais Leuwenhoek et Hartsoeker. Nous avons déjà eu l'occasion de rappeler que leurs observations au microscope avaient contribué à habituer les esprits aux mystères de l'infiniment petit. Pour comprendre les dernières lignes, il faut se souvenir que ces deux savants avaient observé systématiquement les protozoaires, et que Leuwenhoek, en particulier, avait cru en observer dans l'acte même de l'accouplement.

Le Saturnien se donne une illusion de semblable sorte en imaginant que les atomes aperçus par lui « travaillaient à la propagation ». Mais les paroles qu'il prononce à ce propos : « Ah ! disait-il, j'ai pris la nature sur le fait » ont toute une histoire et ne concernent plus Leuwenhoek. Fontenelle, en effet, s'était servi de cette formule pour faire l'éloge d'un savant, M. de Tournefort : « La nature fut, pour ainsi dire, prise sur le fait ». Or l'historien de Mme de Tencin, Masson, rapporte que ce mot fut malicieusement repris et colporté par lord Bolingbroke, à la suite d'un scandale privé dont il avait eu connaissance. Apprenant en effet que La Fresnais avait découvert Fontenelle et Mme de Tencin dans une situation compromettante, il se serait écrié à son tour : « La nature a été prise sur le fait ». Le rapprochement implicite entre les observations du savant Leuwenhoek et l'anecdote concernant Fontenelle est ici fort plaisant, et l'on doit noter avec quelle légèreté Voltaire mêle à son récit des détails scabreux. Mais il importe aussi de remarquer qu'une fois de plus il s'amuse à taquiner Fontenelle. Nous verrons que ce n'est pas la dernière.

CHAPITRE SIXIÈME

Ce qui leur arriva avec des hommes

Micromégas, bien meilleur observateur que son nain, vit clairement que les atomes se parlaient ; et il le fit remarquer à son compagnon, qui, honteux de s'être mépris sur l'article de la génération, ne voulut point croire que de pareilles espèces pussent se communiquer des idées. Il avait le don des langues aussi bien que le Sirien ; il n'entendait point parler nos atomes, et il supposait qu'ils ne parlaient pas. D'ailleurs comment ces êtres imperceptibles auraient-ils les organes de la voix, et qu'auraient-ils à se dire ? Pour parler, il faut penser, ou à peu près ; mais s'ils pensaient, ils auraient donc l'équivalent d'une âme. Or, attribuer l'équivalent d'une âme à cette espèce, cela lui paraissait absurde. « Mais, dit le Sirien, vous avez cru tout à l'heure qu'ils faisaient l'amour ; est-ce que vous croyez qu'on puisse faire l'amour sans penser et sans proférer quelque parole, ou du moins sans se faire entendre ? Supposez-vous d'ailleurs qu'il soit plus difficile de produire un argument qu'un enfant ? Pour moi, l'un et l'autre me paraissent de grands mystères. – Je n'ose plus ni croire ni nier, dit le nain ; je n'ai plus d'opinion. Il faut tâcher d'examiner ces insectes, nous raisonnerons après. »

Il y a surtout lieu, dans ce début de chapitre, de commenter la dernière phrase. Nous nous souvenons qu'au chapitre II, les deux voyageurs s'étaient laissé aller à des raisonnements incertains et qu' « il en fallut revenir aux faits ». Ici l'habitant de Saturne a la sagesse de formuler d'emblée une règle de méthode qui consiste à partir des données de l'expérience. Il exprime, à cet endroit, la pensée même de Voltaire, comme le prouvent quelques textes. Celui-ci d'abord, extrait d'une lettre à Frédéric, datée du 8 mars 1738 : « Raisonner ce qu'on appelle *a priori* est une chose fort belle, mais elle n'est pas de la compétence des humains. Nous sommes tous sur les bords d'un grand fleuve ; il faut le remonter avant d'oser parler de sa source ».

Et encore, dans un fragment de son *Traité de Métaphysique* inachevé : « Il est clair qu'il ne faut jamais faire d'hypothèse ; il ne faut point dire : commençons par inventer des principes avec lesquels nous tâcherons de tout expliquer. Mais il faut dire : faisons exactement l'analyse des choses, et ensuite nous tâcherons de voir avec beaucoup de défiance si elles se rapportent avec quelques principes ».

Ces déclarations nous permettent de préciser la pensée de Voltaire. Il serait peut-être excessif, malgré certains textes, d'affirmer qu'il condamne toute métaphysique. Il est avant tout hostile aux systèmes a priori, posés en marge de toute expérience. C'est contre cet apriorisme qu'ont pris parti Locke et les empiristes anglais. La méthode des empiristes consiste à partir de l'expérience et à rechercher le principe qui régit un ensemble de phénomènes, mais une fois ces phénomènes bien connus et observés. La synthèse est la récompense d'une analyse patiente. Il doit demeurer entendu, cependant, que les principes auxquels on peut ainsi remonter sont les lois scientifiques – et non pas ces « premiers principes » (nature de la substance, ou de l'âme) qui paraissent nécessairement soustraits à notre compétence. Hors le problème de Dieu, qu'il faudrait traiter à part (comme M. Pomeau dans sa *Religion de Voltaire*), la philosophie de Voltaire est un empirisme critique.

« C'est fort bien dit », reprit Micromégas ; et aussitôt il tira une paire de ciseaux dont il se coupa les ongles, et d'une rognure de l'ongle de son pouce, il fit sur le champ une espèce de grande trompette parlante, comme un vaste entonnoir, dont il mit le tuyau dans son oreille. La circonférence de l'entonnoir enveloppait le vaisseau et tout l'équipage. La voix la plus faible entrait dans les fibres circulaires de l'ongle ; de sorte que, grâce à son industrie, le philosophe de là-haut entendit parfaitement le bourdonnement de nos insectes de là-bas. En peu d'heures il parvint à distinguer les paroles, et enfin à entendre le français. Le nain en fit autant, quoique avec plus de difficulté. L'étonnement des voyageurs redoublait à chaque instant. Ils entendaient des mites parler d'assez bon sens : ce jeu de la nature leur paraissait inexplicable.

Bornons-nous ici à commenter quelques détails. Il peut être curieux de noter que l'exemple des *ciseaux* a plusieurs fois servi à Voltaire pour définir un certain état de civilisation. Ainsi dans le poème *Le Mondain* il précise qu'Adam, le premier homme, n'avait pas de ciseaux, alors que dans l'article *Luxe* du *Dictionnaire philosophique,* il évoque l'étape marquée par ceux qui les premiers « se rognèrent les ongles, et qui coupèrent une partie des cheveux qui leur tombaient sur le nez ».

Relevons d'autre part avec M. Wade une apparente anomalie : Micromégas, avec une rognure d'ongle, fabrique une trompette parlante et il met le tuyau dans son oreille ; il se sert donc de l'instrument comme d'une trompette acoustique et non parlante. M. Wade pense que Voltaire s'est laissé entraîner à employer une expression impropre parce qu'il se souvient d'une série d'articles parus dans le *Journal des savants* sur la trompette parlante. Il est permis d'observer cependant que cet appareil est bien une trompette parlante si l'on se place du côté de l'entonnoir, c'est-à-dire du côté de celui qui parle. Donc l'expression, à notre avis, peut être justifiée, et on ne doit pas y voir une inadvertance.

Nous devons enfin souligner le relief d'une autre expression, tout à la fin de ce passage : « ce jeu de la nature ». Ces mots reviennent couramment sous la plume des savants, en un siècle où tant de phénomènes demeuraient inexpliqués. On inclinait à considérer que la nature s'amusait à produire des singularités. Les fossiles, par exemple, avant qu'on n'en ait reconnu l'origine lointaine, passaient pour des *ludi naturae*. Il y a là une naïveté dont Voltaire est sans doute conscient, et l'emploi de l'expression est sans doute à mettre au compte de son ironie.

> Vous croyez bien que le Sirien et son nain brûlaient d'impatience de lier conversation avec les atomes ; ils craignaient que leur voix de tonnerre, et surtout celle de Micromégas, n'assourdît les mites sans en être entendue. Il fallait en diminuer la force. Ils se mirent dans la bouche des espèces de petits cure-dents, dont le bout fort effilé venait donner auprès du vaisseau. Le Sirien tenait le nain sur ses genoux, et le vaisseau avec l'équipage sur un ongle ; il baissait la tête et parlait bas. Enfin, moyennant toutes ces précautions et bien d'autres encore, il commença ainsi son discours : « Insectes invisibles, que la main

du Créateur s'est plu à faire naître dans l'abîme de l'infiniment petit, je le remercie de ce qu'il a daigné me découvrir des secrets qui semblaient impénétrables. Peut-être ne daignerait-on pas vous regarder à ma Cour ; mais je ne méprise personne, et je vous offre ma protection ».

Si jamais il y a eu quelqu'un d'étonné, ce furent les gens qui entendirent ces paroles. Ils ne pouvaient deviner d'où elles partaient. L'aumônier du vaisseau récita les prières des exorcismes, les matelots jurèrent, et les philosophes du vaisseau firent un système ; mais quelque système qu'ils fissent, ils ne purent jamais deviner qui leur parlait. Le nain de Saturne, qui avait la voix plus douce que Micromégas, leur apprit alors en peu de mots à quelles espèces ils avaient affaire. Il leur conta le voyage de Saturne, les mit au fait de ce qu'était monsieur Micromégas ; et, après les avoir plaints d'être si petits, il leur demanda s'ils avaient toujours été dans ce misérable état si voisin de l'anéantissement, ce qu'ils faisaient dans un globe qui paraissait appartenir à des baleines, s'ils étaient heureux, s'ils multipliaient, s'ils avaient une âme, et cent autres questions de cette nature.

Toute cette partie du récit, où se rencontrent des souvenirs de Swift et de Rabelais, est simplement plaisante et ne pose guère de problèmes. On relèvera surtout une phrase bien typique de l'attitude voltairienne. L'aumônier récite des formules d'exorcisme ; les matelots prononcent des jurons ; les philosophes élaborent un système. Aux yeux de l'écrivain, les trois conduites se valent et sont également vaines ; elles consistent à se payer de mots. Laissons de côté les hommes simples que sont des matelots. L'essentiel est que Voltaire renvoie les prêtres et les métaphysiciens dos à dos. Il n'a foi, pour sa part, qu'en la science, dans les limites où la science peut s'exercer, et il va aussitôt le manifester en faisant parler l'un de ces navigateurs qui, en dépit de leurs chimères, possèdent du moins cette vertu d'être des hommes de science.

> Un raisonneur de la troupe, plus hardi que les autres, et choqué de ce qu'on doutait de son âme, observa l'interlocuteur avec des pinnules braquées sur un quart de cercle. fit deux stations, et à la troisième il parla ainsi : « Vous croyez donc, monsieur, parce que vous avez mille toises depuis la tête jusqu'aux pieds, que vous êtes un ... – Mille toises ! s'écria le nain ; juste ciel ! d'où peut-il savoir ma hauteur ? mille toises ! Il ne se trompe pas d'un pouce ; quoi ! cet atome m'a mesuré ! Il est géomètre, il connaît ma grandeur ; et moi, qui ne le vois qu'à travers un microscope, je ne connais pas encore la sienne ! – Oui, je vous ai mesuré, dit le physicien, et je mesurerai bien encore votre grand compagnon ». La proposition fut acceptée ; Son Excellence se coucha de son long ; car, s'il se fût tenu debout, sa tête eût été trop au-dessus des nuages. Nos philosophes lui plantèrent un grand arbre dans un endroit que le docteur Swift nommerait, mais que je me garderai bien d'appeler par son nom, à cause de mon grand respect pour les dames. Puis, par une suite de triangles liés ensemble, ils conclurent que ce qu'ils voyaient était en effet un jeune homme de cent vingt mille pieds de roi.

On voit, dans ce passage, combien Voltaire demeure proche des souvenirs de son séjour à Cirey. Swift, dans *Gulliver,* citait l'appareil appelé quadrant ou quart de cercle, sorte d'arc qui sert à prendre les élévations sur terre et sur mer. Voltaire mentionne aussi les quarts de cercle, mais il ajoute les *pinnules,* qui sont de petites pièces rectangulaires de cuivre mince, élevées perpendiculairement ; il emploie avec un sens technique le mot *stations* pour désigner les opérations successives effectuées pour un nivellement ou pour une mesure d'angle ; il évoque ensuite une sorte de calcul trigonométrique. Quoique ces indications demeurent assez élémentaires et même un peu vagues, elles témoignent, du moins, d'une certaine expérience scientifique, bien réelle, car Mme du Châtelet disposait, à Cirey, d'un vrai laboratoire équipé d'instruments de précision. Il y a en outre dans ce passage une sorte d'exaltation et presque d'ivresse mathématique. Voltaire pense sincèrement qu'il est admirable de pouvoir se mettre d'accord, grâce à la science, sur certains ordres de faits ; il professe que les lois scientifiques ont une valeur universelle, et sa conception relativiste de la connaissance se concilie donc avec sa foi en l'universalité de la raison.

> Alors Micromégas prononça ces paroles : « Je vois plus que jamais qu'il ne faut juger de rien sur sa grandeur apparente. O Dieu ! qui avez donné une intelligence à des substances qui paraissent si méprisables, l'infiniment petit vous coûte aussi peu que l'infiniment grand ; et, s'il est possible qu'il y ait des êtres plus petits que ceux-ci, ils peuvent encore avoir un esprit supérieur à ceux de ces superbes animaux que j'ai vus dans le ciel, dont le pied seul couvrirait le globe où je suis descendu. »

Nous avons déjà montré, en recherchant les origines de *Micromégas,* que les progrès de la science avaient révélé au public averti les prodiges de l'infiniment petit. Voltaire n'est certes pas le premier à s'aviser que les manifestations de l'infiniment petit sont d'une extrême complexité, comme celles de l'infiniment grand, et que cette complexité est d'autant plus fascinante qu'elle se fait jour dans des organismes minuscules. Son vieil ennemi Pascal, notamment, avait illustré cette découverte avec une précision saisissante, dans sa méditation sur *les deux Infinis.*

Depuis Pascal, les savants s'étaient livrés, dans ce domaine, à des investigations de plus en plus minutieuses. Au temps de *Micromégas,* le dernier en date était sans doute Réaumur, auteur d'une *Histoire naturelle des insectes* qui avait commencé à paraître en 1735. De ce traité, nous extrayons la phrase suivante, qui répond bien à l'esprit de notre passage de *Micromégas* : « La production des plus petits insectes a pu paraître demander autant de préparatifs, autant d'appareil que celle des plus grands animaux ». Nous allons voir d'ailleurs que Réaumur est expressément nommé à la fin de ce sixième chapitre.

> Un des philosophes lui répondit qu'il pouvait en toute sûreté croire qu'il est en effet des êtres intelligents beaucoup plus petits que l'homme. Il lui conta, non pas tout ce que Virgile a dit de fabuleux sur les abeilles, mais ce que Swammerdam a découvert, et ce que Réaumur a disséqué. Il lui apprit enfin qu'il y a des animaux qui sont pour les abeilles ce que les

abeilles sont pour l'homme, ce que le Sirien lui-même était pour ces animaux si vastes dont il parlait, et ce que ces grands animaux sont pour d'autres substances devant lesquelles ils ne paraissent que comme des atomes. Peu à peu la conversation devint intéressante, et Micromégas parla ainsi.

Voltaire, dont la culture classique est solide, se souvient d'un célèbre passage du chant IV des *Géorgiques* sur les mœurs des abeilles, dont l'intérêt scientifique apparaissait déjà au XVIIIème siècle tout à fait nul. « Virgile n'a chanté sur les abeilles que les erreurs de son temps », observe-t-il à l'article *Abeilles* dans le *Dictionnaire philosophique* ; et déjà, dans une lettre du 30 octobre 1738, il écrivait à un de ses amis : « Il est vrai que la physique d'aujourd'hui est un peu contraire aux fables des *Géorgiques*, à la renaissance des abeilles, aux influences de la lune... » Voltaire se réfère ici explicitement aux travaux du célèbre naturaliste hollandais Swammerdam, qui vécut au XVIIème siècle, et à ceux de Réaumur, qui se réclame de Swammerdam. Il est bien exact que Réaumur a dénoncé le caractère non scientifique du développement de Virgile sur les abeilles, dans l'introduction à sa grande *Histoire des Insectes*, parue dès 1734 ; il n'expose ses propres idées que dans le volume V de cet ouvrage, paru en 1740 ; mais il n'est pas exclu que Voltaire ait eu connaissance de ses dissections avant cette date. En tout cas, l'auteur de *Micromégas* se réfère, dans ce passage, à l'actualité scientifique la plus récente, avant d'en venir aux considérations morales et aux généralités métaphysiques qui vont être débattues dans le chapitre VII.

CHAPITRE SEPTIÈME

Conversation avec les hommes

« O atomes intelligents, dans qui l'Etre éternel s'est plu à manifester son adresse et sa puissance, vous devez sans doute goûter des joies bien pures sur votre globe : car, ayant si peu de matière, et paraissant tout esprit, vous devez passer votre vie à aimer et à penser ; c'est la véritable vie des esprits. Je n'ai vu nulle part le vrai bonheur ; mais il est ici, sans doute ». A ce discours, tous les philosophes secouèrent la tête ; et l'un d'eux, plus franc que les autres, avoua de bonne foi que, si l'on en excepte un petit nombre d'habitants fort peu considérés, tout le reste est un assemblage de fous, de méchants et de malheureux. « Nous avons plus de matière qu'il ne nous en faut, dit-il, pour faire beaucoup de mal, si le mal vient de la matière ; et trop d'esprit, si le mal vient de l'esprit ; savez-vous bien, par exemple, qu'à l'heure que je vous parle, il y a cent mille fous de notre espèce, couverts de chapeaux, qui tuent cent mille autres animaux couverts d'un turban, ou qui sont massacrés par eux, et que, presque par toute la terre, c'est ainsi qu'on en use de temps immémorial ? » Le Sirien frémit, et demanda quel pouvait être le sujet de ces horribles querelles entre de si chétifs animaux. « Il s'agit, dit le philosophe, de quelque tas de boue grand comme votre talon. Ce n'est pas qu'aucun de ces millions d'hommes qui se font égorger prétende un fétu sur ce tas de boue. Il ne s'agit que de savoir s'il appartiendra à un certain homme qu'on nomme *Sultan,* ou à un autre homme qu'on nomme, je ne sais pourquoi, *César* Ni l'un ni l'autre n'a jamais vu ni ne verra jamais le petit coin de terre dont il s'agit ; et presque

> aucun de ces animaux, qui s'égorgent mutuellement, n'a jamais vu l'animal pour lequel ils s'égorgent. »

Ce passage doit nous retenir surtout à cause de l'allusion qu'il contient à la guerre russo-turque. Cette guerre a été déclenchée en 1736 et devait s'achever à la fin de 1739 par le traité de Belgrade. Puisque cet épisode de *Micromégas* se déroule, comme nous l'avons vu précédemment, le 5 juillet 1737, il est normal que l'orateur se réfère à ce conflit comme à une réalité actuelle. Et c'est aussi à une réalité actuelle que se réfère Voltaire lui-même à la date où il écrit, s'il est vrai que son récit a été composé en 1739.

Voltaire évoque d'ailleurs l'événement dans une lettre à Frédéric, en septembre 1739 : « Les hommes semblent tous occupés, à présent, à se détruire ; et, depuis le Mogol jusqu'au détroit de Gibraltar, tout est en guerre ». Frédéric, de son côté, envoyait quelques jours plus tard à l'écrivain un poème où il déplorait ce massacre inutile. Il y a donc comme un lien entre cette correspondance des deux hommes et les réflexions amères du philosophe qui s'adresse ici aux deux voyageurs de l'espace. Comme il l'a fait déjà un peu plus haut, Voltaire dénonce l'absurdité de la guerre, mais d'une façon plus précise, puisqu'il fait ressortir le fait que les combattants n'ont même pas l'excuse ou la consolation de lutter pour leur propre intérêt. Ici encore il se rattache à une tradition pacifiste, que nous rappellerons à propos du paragraphe suivant.

– Ah ! malheureux ! s'écria le Sirien avec indignation, peut-on concevoir cet excès de rage forcenée ! Il me prend envie de faire trois pas, et d'écraser de trois coups de pied toute cette fourmilière d'assassins ridicules. – Ne vous en donnez pas la peine, lui répondit-on ; ils travaillent assez à leur ruine. Sachez qu'au bout de dix ans, il ne reste jamais la centième partie de ces misérables ; sachez que, quand même ils n'auraient pas tiré l'épée, la faim, la fatigue ou l'intempérance les emportent presque tous. D'ailleurs, ce n'est pas eux qu'il faut punir, ce sont ces barbares sédentaires qui du fond de leur cabinet ordonnent, dans le temps de leur digestion, le massacre d'un million d'hommes, et qui ensuite en font remercier solennellement.

La hardiesse du philosophe s'affirme dans ce nouveau passage. Voltaire ne se borne pas à montrer que la guerre est toujours une entreprise stupide. Il en désigne les vrais responsables et il oppose aux exécutants, qui sont des victimes, les chefs qui ont pris l'initiative de telles folies. N'allons pas croire, cependant, que cette attitude soit propre au siècle des philosophes, puisque sous Louis XIV même, à la fin du règne il est vrai, des écrivains aussi en vue que Fénelon et La Bruyère s'étaient déjà montrés aussi véhéments dans leur critique. C'est à La Bruyère qu'il faut remonter encore comme à une source possible de Voltaire, pour la dernière phrase, sur les « barbares sédentaires » donnant leurs ordres « du fond de leur cabinet » et « dans le temps de leur digestion » ; l'analogie est ici frappante jusque dans la forme : « Champagne, au sortir d'un long dîner qui lui enfle l'estomac, et dans les douces fumées d'un vin d'Avenay ou de Sillery, signe un ordre qu'on lui présente qui ôterait le pain à toute une province, si l'on n'y remédiait. Il est excusable, quel moyen de comprendre, dans la première heure de la digestion, qu'on puisse quelque part mourir de faim ». Il est vrai que La Bruyère songe ici à un gouverneur, plutôt qu'à un chef d'armées, mais l'attitude d'esprit est bien la même. C'est encore la même attitude que l'on trouvait, très vigoureusement affirmée, dans l'œuvre de Cyrano de Bergerac, dont l'influence sur *Micromégas* a déjà été signalée : « Et cependant qu'ils font casser la tête à plus de quatre millions d'hommes qui valent mieux qu'eux, ils sont dans leur cabinet à goguenarder sur les circonstances du massacre de ces badauds ; mais je me trompe de blâmer ainsi la vaillance de vos braves sujets ; ils font bien de mourir pour leur patrie ; l'affaire est importante, car il s'agit d'être le vassal d'un roi qui porte une fraise ou de celui qui porte un rabat ».

La critique de Voltaire s'exerce sur le même mal que celle de Cyrano parce que, d'un siècle à l'autre, les princes ne sont pas devenus plus raisonnables. C'est bien le vrai rôle des philosophes que d'avertir inlassablement leurs contemporains de leurs folies : il suffirait de changer quelques mots pour que l'ironie voltairienne puisse s'appliquer aux inconséquences tragiques de notre temps. Dans ce domaine comme dans plusieurs autres, la pensée du XVIIIème siècle n'a pas du tout vieilli et si nous devons la replacer dans une perspective historique, nous ne devons pas oublier pour cela d'en assimiler les éléments les plus vivants.

> Le voyageur se sentait ému de pitié pour la petite race humaine, dans laquelle il découvrait de si étonnants contrastes. « Puisque vous êtes du petit nombre des sages, dit-il à ces messieurs, et qu'apparemment vous ne tuez personne pour de l'argent, dites-moi, je vous en prie, à quoi vous vous occupez. – Nous disséquons des mouches, dit le philosophe, nous mesurons des lignes, nous assemblons des nombres ; nous sommes d'accord sur deux ou trois points que nous entendons, et nous disputons sur deux ou trois mille que nous n'entendons pas ». Il prit aussitôt fantaisie au Sirien et au Saturnien d'interroger ces atomes pensants, pour savoir les choses dont ils convenaient. « Combien comptez-vous, dit-il, de l'étoile de la Canicule à la grande étoile des Gémaux ? » Ils répondirent tous à la fois : « Trente-deux degrés et demi. – Combien comptez-vous d'ici à la lune ? – Soixante demi-diamètres de la terre en nombre rond. – Combien pèse votre air ? » Il croyait les attraper, mais tous lui dirent que l'air pèse environ neuf cents fois moins qu'un pareil volume de l'eau la plus légère, et dix-neuf cents fois moins que l'or de ducat. Le petit nain de Saturne, étonné de leurs réponses, fut tenté de prendre pour des sorciers ces mêmes gens auxquels il avait refusé une âme un quart d'heure auparavant.

L'un des principaux talents de Voltaire, dans ses contes, est de ne jamais s'attarder longuement sur le même thème. Un récit doit aller de l'avant et ne jamais donner l'occasion au lecteur de soupçonner qu'on veuille l'endoctriner. La vérité s'insinue par petites touches sans que jamais soit mise en cause la liberté d'allure nécessaire aux fictions destinées à la mettre en œuvre. De nouveau, à cet endroit de *Micromégas,* nous abandonnerons les considérations politiques ou morales pour retrouver les problèmes relatifs à la métaphysique et à la science – à la métaphysique condamnée comme une activité de vaine discorde, à la science exaltée au contraire comme un fécond principe d'accord.

Les philosophes de *Micromégas* dissèquent des mouches (comme Réaumur), mesurent des lignes, assemblent des nombres et arrivent ainsi à se mettre d'accord « sur deux ou trois points ». La preuve en est administrée aussitôt après grâce à quelques exemples. Voltaire trouve évidemment admirable cette ressource, que possède la science mathématique, de dégager, sinon une vérité absolue, du moins des évidences incontestables dans le cadre de certains rapports posés une fois pour toutes.

Plusieurs textes de Voltaire prouvent qu'il prend bien à son compte cette foi affirmée par les navigateurs de *Micromégas* dans la fécondité de la méthode mathématique. « Nous mesurons les corps, nous ne saurons jamais ce que c'est que la matière », écrit-il à Frédéric le 17 avril 1737. « L'homme n'est pas fait pour connaître la nature intime des choses ; il peut seulement calculer, mesurer, peser et expérimenter », lit-on dans les *Eléments de la philosophie de Newton* en 1738. Et pour encadrer chronologiquement notre texte, voici, comme en écho, une lettre de 1741 : « Nous sommes faits pour compter, mesurer, peser, voilà ce qu'a fait Newton ». Mais cette phrase a été précédée d'une exclamation pseudo-biblique ; *« Vanitas vanitatum et metaphysica vanitas ! »* Chaque fois que Voltaire exalte le pouvoir de la Science, il se préoccupe de maintenir l'orgueil humain dans de justes limites et formule inlassablement la même condamnation contre toutes les chimères d'ordre spéculatif. Il n'y manque pas davantage dans notre texte et nous aurons à suivre, pour en terminer avec *Micromégas,* toute une discussion particulièrement riche où les principaux systèmes philosophiques sont, les uns après les autres, passés en revue et, à l'exception d'un seul, celui de Locke, démolis grâce à cette arme redoutable entre toutes que constitue, sous la plume de Voltaire, l'exercice du simple bon sens.

> Enfin Micromégas leur dit : « Puisque vous savez si bien ce qui est hors de vous, sans doute vous savez encore mieux ce qui est en dedans. Dites-moi ce que c'est que votre âme, et comment vous formez vos idées ». Les philosophes parlèrent tous à la fois comme auparavant ; mais ils furent tous de différents avis. Le plus vieux citait Aristote, l'autre prononçait le nom de Descartes ; celui-ci, de Malebranche ; cet autre, de Leibniz ; cet autre, de Locke. Un vieux péripatéticien dit tout haut avec confiance : « L'âme est une entéléchie, et une raison par qui elle a la puissance d'être telle qu'elle est, selon la formule d'Aristote, page 633 de l'édition du Louvre. Ἐντελέχειά ἐστι. – Je n'entends pas trop bien le grec, dit le géant. –

> Ni moi non plus, dit la mite philosophique. – Pourquoi donc, reprit le Sirien, citez-vous un certain Aristote en grec ? – C'est, répliqua le savant, qu'il faut bien citer ce qu'on ne comprend point du tout dans la langue qu'on entend le moins ».

Ici commence ce que nous pourrions appeler le « dernier mouvement » de *Micromégas*, une discussion d'ensemble sur les systèmes métaphysiques. Voltaire a déjà laissé percer en plusieurs endroits son mépris pour les hypothèses a priori. Il va maintenant passer en revue, d'une manière délibérément désinvolte et superficielle, les doctrines déjà classiques dans l'histoire de la philosophie, afin d'en montrer l'insuffisance présomptueuse. Ainsi se définit la méthode de Voltaire : on l'accuse parfois d'être léger et de ne pas étudier sérieusement les théories qu'il condamne ; ce n'est certes pas qu'il soit incapable d'entrer dans le jeu dialectique de ses adversaires et que la vigueur intellectuelle lui fasse défaut, ni même, comme on dit, le sens métaphysique ; mais il pense qu'il ferait trop d'honneur aux philosophes en se plaçant sur leur terrain et en débattant gravement avec eux des faux problèmes qu'ils ont posés : la grande habileté d'un polémiste est souvent de ne pas se laisser entraîner dans la bataille, et de savoir refuser cette bataille en mettant les gens d'esprit de son côté. Il a donc combattu les systèmes, non à coups d'épée, mais à coups de patte ou à coups d'épingle, afin de dégonfler une fois pour toutes la baudruche métaphysicienne.

Voltaire commence par désigner cinq philosophes : Aristote, Descartes, Malebranche, Leibniz, Locke, et se dispose à les aborder à tour de rôle. Il en ajoutera un sixième, qu'il s'est abstenu pour l'instant de nommer, et qui est saint Thomas. Les membres de l'expédition Maupertuis étaient six eux aussi (pour ne rien dire de l'équipage). D'une certaine manière, le conteur suit encore l'actualité récente ; mais il prête à chacun de ses personnages une position schématique et typique sur les problèmes de la philosophie.

Voici donc, tout d'abord, le « péripatéticien », le disciple d'Aristote. Il donne, de l'âme, une définition célèbre et que l'on trouve citée en entier dans l'une des éditions de *Micromégas* : une « entéléchie », un principe possédant sa foi en soi-même ; la notion est abstraite, et rappelle un peu la définition spinoziste de la cause de soi, au début de l'*Ethique*, « ce dont l'essence enveloppe l'existence », ce qui ne peut être conçu que comme existant. Cette définition est bien dans Aristote, quoique la référence de Voltaire à la page 633 de l'édition du Louvre paraisse fantaisiste. Voltaire n'entend même pas se donner la peine de discuter une telle position, qu'il considère comme pur verbalisme ; il s'en tire par l'une de ces pirouettes qu'on lui reproche parfois et qui peuvent certes irriter des philosophes, mais qui produisent immanquablement leur effet auprès du public étranger aux exercices dialectiques. A la formule d'Aristote, il oppose, non pas un argument, mais une volonté de ne pas comprendre et de ne pas chercher à comprendre. Pour Voltaire, le langage est l'expression d'une expérience et on le détourne de sa vocation normale en élaborant des concepts dépourvus de contenu concret.

> Le cartésien prit la parole, et dit : « L'âme est un esprit qui a reçu dans le ventre de sa mère toutes les idées métaphysiques, et qui, en sortant de là, est obligé d'aller à l'école, et d'apprendre tout de nouveau ce qu'elle a si bien su, et qu'elle ne saura plus. – Ce n'était donc pas la peine, reprit l'animal de huit lieues, que ton âme fût si savante dans le ventre de ta mère, pour être si ignorante quand tu aurais de la barbe au menton. Mais qu'entends-tu par esprit ? – Que me demandez-vous là ? dit le raisonneur ; je n'en ai point d'idée ; on dit que ce n'est pas la matière. – Mais sais-tu au moins ce que c'est que la matière ? – Très bien, répondit l'homme. Par exemple cette pierre est grise, et d'une telle forme, elle a ses trois dimensions, elle est pesante et divisible. – Eh bien ! dit le Sirien, cette chose qui te paraît divisible, pesante et grise, me dirais-tu bien ce que c'est ? Tu vois quelques attributs ; mais le fond de la chose, le connais-tu ? – Non, dit l'autre. – Tu ne sais donc point ce que c'est que la matière. »

Il est inutile de revenir sur l'idée exprimée à la fin de ce paragraphe. Voltaire a déjà écrit dans *Micromégas,* comme dans d'autres textes, qu'on pouvait connaître certaines propriétés de la matière, mais non la matière elle-même ; l'observation vaut contre la philosophie de Descartes, puisque Descartes définit la matière comme la substance étendue, opposée à la substance pesante.

On doit souligner surtout que Voltaire, chez Descartes, attaque surtout ici la théorie des idées innées. Descartes professe en effet que l'âme pense toujours, qu'elle pense donc dès le premier instant où elle est accouplée à un corps et qu'ainsi, en quelque manière, la notion des grandes vérités métaphysiques est latente ou virtuelle chez l'homme à sa naissance et même à sa conception. L'exercice de la philosophie tendrait dès lors à replacer les idées innées au niveau de la conscience claire, d'où elles ont été chassées par les conditions physiologiques de l'existence.

Cette théorie des idées innées est l'un des points sur lesquels la philosophie cartésienne a été le plus vivement attaquée et même caricaturée. Elle a été systématiquement combattue par Gassendi, puis par Locke dans les *Essais sur l'entendement humain.* Locke professe que nos idées s'élaborent à partir de notre expérience et qu'elles sont donc nulles à l'origine de notre vie. L'esprit humain est une cire vierge où viennent s'inscrire les impressions reçues du monde extérieur. Il n'existe donc pas de formes idéales éternelles qui passent à l'intérieur des corps : toute idée se construit à partir d'une expérience sensorielle, toute connaissance est empirique.

Mais d'autres philosophes que Locke ont exprimé, sinon avec plus de vigueur, du moins avec plus de pittoresque, leur condamnation de cette doctrine cartésienne des idées innées, et en particulier l'ami de Voltaire, le célèbre Lord Bolingbroke, auteur d'un Essai sur la Connaissance humaine, *Essay on human knowledge* : « Je ne me persuade pas », écrit-il, « que l'esprit d'un petit enfant médite, dans le ventre de sa mère, sur des choses métaphysiques ». Telle est la formule que Voltaire reprend déjà dans son *Traité de Métaphysique* abandonné : « Ajoutez à cela l'absurdité ridicule où l'on se jette quand on soutient que Dieu nous donne dans le ventre de la mère des notions qu'il faut entièrement nous enseigner dans notre jeunesse ».

Ainsi, dans les quelques lignes de notre passage, Voltaire rejette à la fois les spéculations de Descartes sur l'Etre et sa théorie de la Connaissance. Il a fait à Descartes l'honneur qu'il a refusé à Aristote, celui de discuter son système, si du moins l'on peut appeler discussion cette condamnation en quelques lignes railleuses, avec un vocabulaire volontairement concret jusqu'au burlesque, au moins sur la théorie des idées innées (l'âme obligée d'aller à l'école, la barbe au menton), pour la défense d'une cause qui prétend être celle d'un élémentaire bon sens. Après l'exécution du maître, voici maintenant celle des philosophes qui ont construit leur système à sa suite, Malebranche et Leibniz.

> Alors Monsieur Micromégas, adressant la parole à un autre sage qu'il tenait sur son pouce, lui demanda ce que c'était que son âme, et ce qu'elle faisait. « Rien du tout, répondit le philosophe malebranchiste ; c'est Dieu qui fait tout pour moi ; je vois tout en lui, je fais tout en lui ; c'est lui qui fait tout sans que je m'en mêle. – Autant vaudrait ne pas être, reprit

> le sage de Sirius. Et toi, mon ami, dit-il à un Leibnizien qui était là, qu'est-ce que ton âme ? – C'est répondit le Leibnizien, une aiguille qui montre les heures pendant que mon corps carillonne, ou bien, si vous voulez, c'est elle qui carillonne pendant que mon corps montre l'heure ; ou bien mon âme est le miroir de l'univers, et mon corps est la bordure du miroir : cela est clair ».

Avec la même maîtrise qui consiste à aller à l'essentiel et au centre des doctrines mises en cause, Voltaire dénonce deux doctrines qui demeurent classiques dans l'histoire de la philosophie.

C'est d'abord la doctrine malebranchiste de la *Vision en Dieu*, telle qu'on la trouve formulée dans la *Recherche de la Vérité*. Cette doctrine est en quelque sorte une systématisation de la doctrine cartésienne des idées innées ; et Voltaire a déjà marqué ce lien entre le maître et le disciple dans ses *Lettres philosophiques* : « M. Malebranche, de l'Oratoire, dans ses illusions sublimes, non seulement admit les idées innées ; mais il ne doutait pas que nous ne vissions tout en Dieu et que Dieu pour ainsi dire ne fût notre âme ». La deuxième partie de cette phrase résume bien la pensée de Malebranche, plus elliptiquement exprimée par le philosophe lui-même dans la célèbre formule : « Tout en Dieu ». C'est Dieu seul qui a la notion des essences et c'est dans l'intelligence de Dieu que l'intelligence de l'homme, unie à elle, voit les idées du monde.

Il est constant d'ailleurs que Voltaire connaît bien Malebranche, et de longue date : « J'en ai sous les yeux », écrivait-il en 1738, « un exemplaire marginé de ma main il y a près de quinze ans ». Il ne s'est pas toujours moqué de lui, et certaines réflexions de Malebranche sur les merveilles de l'infiniment petit pourraient être considérées comme des sources de *Micromégas.* Mais il lui reproche de sacrifier à des vues métaphysiques, qui sont à ses yeux des rêveries, une analyse de l'expérience qui serait sans aucun doute plus efficace ; et, en somme, d'adopter une mauvaise méthode dans la « recherche de la vérité ». Voltaire a prêté plus haut à l'un de ses navigateurs cette précision sur l'activité scientifique des membres de l'expédition polaire : « Nous disséquons des mouches... » Or Malebranche, dans la *Recherche de la Vérité,* a d'avance dénoncé comme futile une telle activité : « Les hommes ne sont pas faits pour considérer des moucherons, et on n'approuve pas la peine que quelques personnes se sont donnée de nous apprendre comment sont faits certains insectes, les transformations des vers, etc... Il est permis de s'amuser à cela quand on n'a rien à faire, pour se divertir ». Cette dernière expression devait susciter l'indignation de Voltaire, dans un texte beaucoup plus tardif que *Micromégas* intitulé *Courte réponse aux longs discours d'un docteur allemand* : « Cependant, cet *amusement à cela pour se divertir* nous a fait connaître les ressources inépuisables de la nature, qui rendent à des animaux les membres qu'ils ont perdus, qui reproduisent les têtes après qu'on les a coupées, qui donnent à tel insecte le pouvoir de s'accoupler l'instant d'après que sa tête s'est séparée de son corps, qui permettent à d'autres de multiplier leur espèce sans le secours de deux sexes. Cet *amusement à cela* a développé un nouvel univers en petit, et des variétés infinies de sagesse et de puissance ; tandis qu'en quarante ans d'études le Père Malebranche a trouvé que la lumière est une libération de pression sur de petits tourbillons mous, et que nous voyons tout en Dieu ».

Le coup de patte final de ce passage nous ramène à *Micromégas,* où la métaphysique de Malebranche est balayée par le sage de Sirius en cinq mots, exactement. Si Dieu fait tout sans que l'homme s'en mêle, « autant vaudrait ne pas être », ce qui, à vrai dire, n'est pas une réponse ni une réfutation directe, mais une observation latérale, qui suffit pour couper court au débat et pour passer outre. C'est encore par une boutade que Voltaire exécute Malebranche dans *L'Ingénu,* chapitre 8 : « ... Il lut le premier volume de la *Recherche de la Vérité.* Cette nouvelle lumière l'éclaira. Quoi ! dit-il, notre imagination et nos sens nous trompent à ce point ! quoi ! les objets ne forment point nos idées, et nous ne pouvons nous les donner nous-mêmes ! Quand il eut lu le second volume (à savoir les développements positifs sur la Vision en Dieu), il ne fut plus si content, et il conclut qu'il est plus aisé de détruire que de bâtir ».

Quant à Leibniz, qui sera, dans *Candide*, son principal adversaire, Voltaire le connaît de moins longue date que Malebranche et a d'abord été initié à ses théories en 1736 à travers les œuvres de son disciple Wolff. Mais en 1739, le leibnizien Koenig, que nous reverrons lui aussi, a été enrôlé par Mme du Châtelet en qualité de géomètre et a converti la châtelaine du Cirey au fameux système des monades. Voltaire, lui, a refusé d'entrer dans le jeu. Mais il a lu la *Théodicée,* qu'il cite déjà dans une lettre de 1739, et il en sait suffisamment pour mettre en cause la doctrine dite de l'harmonie préétablie.

D'après la doctrine de *l'harmonie préétablie,* il n'existe pas d'action directe des substances créées l'une sur l'autre, mais un développement parallèle qui maintient entre elles, à chaque moment, un rapport mutuel réglé d'avance. Pour illustrer la notion, il arrive à Leibniz de recourir à l'exemple de la montre qui sonne, à intervalles réguliers, en même temps que ses aiguilles avancent : il y a là, apparemment, deux séries causales distinctes dont les correspondances ont été établies à l'origine par un horloger. Ainsi Dieu, horloger de l'univers, est le responsable souverain des correspondances qui, en l'homme et hors de l'homme, attestent une harmonie entre les règnes de l'univers. Voltaire a déjà fait intervenir cette comparaison d'ailleurs classique avec l'horloge dans les *Lettres philosophiques.*

Quant aux formules sur l'âme miroir de l'univers et sur le corps bordure du miroir, elles sont également leibniziennes. Leibniz définit l'âme comme un miroir de concentration, *speculum concentrationis*, ou encore comme un microcosme reflétant le macrocosme ; cette conception de l'âme accordée à l'univers est d'ailleurs un autre aspect de l'harmonie préétablie. A ces formules les voyageurs célestes de *Micromégas* ne répondent même pas, comme si, dans leur généralité gratuite, elles n'offraient pas la plus légère prise à la discussion. Le silence est parfois le plus terrible des arguments. Nous verrons que, dans *Candide,* Voltaire en use d'une tout autre méthode à l'égard de Leibniz, en répétant indéfiniment l'une de ses formules constamment démentie par les faits, la formule de l'optimisme : « Tout est pour le mieux dans le meilleur des mondes possibles ». Mais ce problème de l'optimisme n'est pas encore mis en question dans *Micromégas,* où l'attaque contre Leibniz est donc à peine ébauchée.

> Un petit partisan de Locke était là tout auprès ; et quand on lui eut enfin adressé la parole : « Je ne sais pas, dit-il, comment je pense, mais je sais que je n'ai jamais pensé qu'à l'occasion de mes sens. Qu'il y ait des substances immatérielles et intelligentes, c'est de quoi je ne doute pas ; mais qu'il soit impossible à Dieu de communiquer la pensée à la matière, c'est de quoi je doute fort. Je révère la puissance éternelle ; il ne m'appartient pas de la borner ; je n'affirme rien ; je me contente de croire qu'il y a plus de choses possibles qu'on ne pense ».
>
> L'animal de Saturne sourit : il ne trouva pas celui-là le moins sage ; et le nain de Saturne aurait embrassé le sectateur de Locke, sans l'extrême disproportion.

Ce développement sur Locke introduit une heureuse diversité dans le cours du récit. Le lecteur pourrait se lasser d'une suite de condamnations rapides qui mettent tous les systèmes sur le même plan. Celui de Locke est l'objet d'un traitement de faveur. Le sectateur de Locke n'est pas « le moins sage » et cette litote est presque l'équivalent d'une adhésion. Voltaire, en réalité, n'est pas l'ennemi de toute philosophie ni même de toute métaphysique ; d'une manière générale, il est partisan de l'empirisme anglais, tel qu'il a été défini surtout dans les ouvrages de Locke.

Comme Locke, Voltaire accepte de laisser en dehors du débat philosophique certains problèmes. A condition qu'on ne se montre pas trop dogmatique, il accepte que puissent exister des espèces immatérielles et intelligentes ; et ce postulat, d'avance, exclut une métaphysique matérialiste qui ferait de la pensée une fonction physiologique. Il accepte aussi qu'on rende hommage à la puissance éternelle, donc à Dieu, pourvu que cet hommage n'implique pas la reconnaissance d'un dogme et d'articles de foi. Ces nuances, qui ne sont pas des concessions, sont conformes aux thèses que Voltaire voulait développer dans son *Traité de Métaphysique,* où il admettait l'existence de Dieu et l'immortalité de l'âme. Il accorde donc certains principes, pourvu qu'on ne se mêle pas d'avancer sur leurs modalités des précisions qui nous aventurent au delà de notre expérience : « Je me contente de croire qu'il y a plus de choses possibles qu'on ne pense » n'est pas la formule d'un scepticisme absolu, mais d'un agnosticisme à la rigueur compatible avec une explication transcendantaliste de l'univers. Cette prudence ou cette modération intellectuelle interdit qu'à propos de Voltaire, comme à propos de Locke, soit prononcé le mot d'athéisme.

Mais d'autre part, comme Locke, Voltaire professe que la pensée s'exerce à l'occasion des sens, donc que nos idées procèdent de notre expérience. Admettre une semblable position ne revient pas à rejeter toute métaphysique, puisque l'empirisme implique une théorie de la Connaissance et puisque le problème de la Connaissance est, avec le problème de l'Etre, un des deux grands problèmes métaphysiques ; mais elle implique la condamnation de toute innéité, de toute référence à des idées ou à des formes éternelles qui viendraient s'incarner dans un organisme vivant. La pensée est consubstantielle à la vie et puise son aliment dans la vie même. Une telle proposition n'est pas non plus en elle-même matérialiste et Voltaire, comme Locke encore, admet la possibilité d'une intervention de Dieu qui ait pour effet de « communiquer la pensée à la matière ». Mais parler ce langage, c'est déjà un peu considérer la pensée comme un attribut, sinon comme un produit de la matière. L'originalité du matérialisme consistera à professer que l'organisme humain fabrique la pensée comme la bile ou le sucre. Nous n'en sommes pas là et il y a dans le monisme matérialiste (qui, au moins dans la philosophie moderne, ne s'est pas encore élaboré en un corps de doctrine) une prise de position dogmatique à laquelle Voltaire, personnellement, n'incline pas. Mais il est certain que la mise en cause par

Locke et par Voltaire de l'innéisme cartésien est un premier pas vers la conception de la conscience épiphénomène, de la conscience considérée comme un produit du corps. Donc, dans ce conte de *Micromégas* destiné à montrer que toutes les valeurs sont relatives, s'ébauche tout de même une théorie empiriste de la Connaissance qui, dans l'esprit de Voltaire, pourrait bien avoir une valeur absolue, puisqu'elle rallie à la sagesse humaine de celui qui la professe la sagesse sidérale des deux voyageurs de l'espace.

> Mais il y avait là, par malheur, un petit animalcule en bonnet carré qui coupa la parole à tous les animalcules philosophes ; il dit qu'il savait tout le secret, que cela se trouvait dans la *Somme* de saint Thomas ; il regarda de haut en bas les deux habitants célestes ; il leur soutint que leurs personnes, leurs mondes, leurs soleils, leurs étoiles, tout était fait uniquement pour l'homme. A ce discours, nos deux voyageurs se laissèrent aller l'un sur l'autre en étouffant de ce rire inextinguible qui, selon Homère, est le partage des dieux : leurs épaules et leurs ventres allaient et venaient, et dans ces convulsions le vaisseau, que le Sirien avait sur son ongle, tomba dans une poche de la culotte du Saturnien. Ces deux honnêtes gens le cherchèrent longtemps ; enfin ils retrouvèrent l'équipage, et le rajustèrent fort proprement.

A cet endroit du récit où semblerait pouvoir s'établir un accord intervient celui que le narrateur a gardé pour la fin, le disciple de saint Thomas. Le narrateur montre son art de la conduite du récit, en introduisant ce nouvel interlocuteur dans une discussion à laquelle on avait pu croire que seuls prendraient part les orateurs annoncés. Le thomiste est ici celui que l'on n'attendait pas. Il est aussi le fanatique dont l'assurance tranchante vient couper court aux efforts lucides et prudents de la raison, donc l'ennemi numéro un de Voltaire, l'Infâme. Mais cet Infâme est aussi et surtout, en la circonstance, ridicule, en énonçant l'hypothèse qui commande, en effet, la métaphysique thomiste, à savoir l'anthropocentrisme.

Tout le Moyen Age a vécu avec cette idée de l'homme roi de l'univers, que la science et la philosophie moderne ont mise à rude épreuve. En l'espèce, Descartes lui-même serait d'accord avec Voltaire : « Bien que nous puissions dire que toutes les choses créées sont faites pour nous, en tant que nous en pouvons tirer quelque usage, je ne sache point néanmoins que nous soyons obligés de croire que l'homme soit la fin de la création ». Toutefois c'est la philosophie libertine qui a dénoncé avec le plus de vigueur cette conception anthropocentrique de l'univers. Ici encore on doit citer Cyrano, évoquant dans son *Voyage à la Lune* « l'orgueil insupportable des humains, qui leur persuade que la nature n'a été faite que pour eux », ou encore Fontenelle, dénonçant dans les *Entretiens sur la pluralité des mondes* « la vanité des hommes, qui s'étaient mis à la plus belle place de l'univers ». Ce courant n'a pas définitivement triomphé ; mais les esprits ont déjà suffisamment évolué pour que Voltaire puisse se permettre de réfuter l'anthropocentrisme thomiste par un simple éclat de rire, semblable à celui qu'Homère prête effectivement aux dieux au chant premier de l'*Iliade* (vers 599-600). Il y a grande habileté de sa part à avoir gardé pour la fin de la discussion l'adversaire qu'il déteste le plus, celui qu'il vise constamment tout au long de *Micromégas* comme tout au long de ses autres œuvres, et de lui réserver une réplique plus forte qu'un argument en forme, plus forte qu'un refus dédaigneux ou désinvolte de discuter, plus forte même que le silence, à savoir le rire, l'arme la plus redoutable du combat philosophique.

> Le Sirien reprit les petites mites ; il leur parla encore avec beaucoup de bonté, quoiqu'il fût un peu fâché dans le fond du cœur de voir que les infiniment petits eussent un orgueil presque infiniment grand. Il leur promit de leur faire un beau livre de philosophie, écrit fort menu pour leur usage, et que, dans ce livre, ils verraient le bout des choses. Effectivement, il leur donna ce volume avant son départ : on le porta à Paris à l'Académie des Sciences ; mais, quand le secrétaire l'eut ouvert, il ne vit rien qu'un livre tout blanc : « Ah ! dit-il, je m'en étais bien douté ».

Voltaire aurait pu terminer sur l'éclat de rire homérique. Mais il préfère une fin plus discrète et, en même temps, un trait final plus acéré. Ici s'impose à nous, une fois de plus, la nécessité de citer Fontenelle, car c'est lui, sans équivoque possible, ce secrétaire de l'Académie des Sciences, qui entre en scène pour prononcer le mot de la fin. Le texte de l'édition originale fournit ici une variante importante, puisque Voltaire avait écrit « le vieux secrétaire » : en 1737, à la date du récit,

Fontenelle avait 80 ans. Voltaire trouve particulièrement plaisant de mêler Fontenelle à l'histoire de *Micromégas* comme un personnage réel, après avoir prêté quelques-uns de ses traits au Saturnien. Ainsi pouvait-il, dans une certaine mesure, se faire pardonner sa malignité, car Fontenelle, dans les dernières lignes de *Micromégas,* a une parole que Voltaire considère comme une parole de vraie sagesse et qu'il donne même comme la leçon du conte tout entier. Ne voyant que des pages toutes blanches dans le volume qui lui a été donné comme contenant le fin mot de toutes choses, le vieillard s'écrie : « Ah ! je m'en étais bien douté ». On doit interpréter cette exclamation comme une profession d'agnosticisme philosophique. Les pages du livre de Vérité sont blanches, au moins pour les hommes, parce que leurs yeux ne sont pas en mesure d'en voir le texte. Le même symbole se retrouvera dans *Zadig,* où le héros est en présence du livre du Destin : il en aperçoit les caractères, mais il ne peut pas les déchiffrer. D'un livre à l'autre, la pensée de Voltaire recourt aux mêmes comparaisons pour illustrer les quelques idées fortes et simples qui demeurent les siennes. Nous verrons pourtant comment cette pensée s'étoffe et mûrit, en suivant la courbe d'une évolution qui va nous acheminer de *Micromégas* jusqu'à *Candide.*

CANDIDE

ou

L'OPTIMISME

CANDIDE

I - DE « MICROMÉGAS » À « CANDIDE »

Si nous admettons la date de 1739, au moins pour celle où fut imaginé sous sa première forme le récit publié en 1752 sous le titre de *Micromégas*, vingt ans exactement séparent la conception de ce récit de la réalisation de *Candide.* Il convient de jalonner les étapes de la réflexion voltairienne et de montrer comment le centre d'intérêt de cette réflexion se déplace en fonction des lectures et des aventures de l'écrivain.

Voltaire, en 1739, achevait à Cirey, comme nous l'avons vu, une période d'activité féconde où il avait acquis une culture scientifique. Il demeurait, dans une certaine mesure, un néophyte, enthousiaste des connaissances qu'il possédait de fraîche date, et d'autant plus enclin à mépriser les hypothèses transcendantes que ce refus d'une métaphysique ambitieuse lui permettait d'étayer plus fortement, dans le cadre d'une critique méthodique de la Connaissance, sa foi dans un certain nombre de vérités relatives, mais positives. Il vivait donc dans une sorte de confort intellectuel en harmonie avec le confort matériel et moral. L'existence est pour lui assez facile, le pouvoir ne se montre pas trop tracassier, malgré les alertes. En quelque façon, Voltaire se laisse vivre et il a résumé dans *Le Mondain* une philosophie de l'existence qui, sans impliquer de postulat métaphysique, est plutôt optimiste : quand on a la chance de n'être pas trop fâcheusement né, de posséder une certaine fortune personnelle, de n'être pas trop tourmenté par la maladie, ni par les hommes, ni par les femmes, on doit se féliciter, en outre, d'appartenir à un siècle que les progrès de la civilisation ont rendu vivable et, par quelques aspects, aimable.

Bientôt viendront les déceptions, les épreuves de toutes sortes. C'est sous le coup de ces épreuves que Voltaire, de plus en plus ébranlé, va se poser, avec une angoisse croissante, le problème du bonheur. Est-il possible d'être heureux dans un univers souvent gâté par la folie des hommes et régi par le caprice apparent d'un destin dont les lois profondes sont incompréhensibles ? La satire est amorcée déjà dans *Micromégas,* mais Voltaire ne paraît pas éloigné de penser qu'une conception relative des choses est une attitude assez sage pour permettre de supporter avec sérénité les bizarreries de l'existence. Cette conception va s'altérer gravement, mais comme progressivement, dans les années à venir, et l'évolution sera sensible à trois moments bien distincts, marqués par la composition de nouveaux contes. Ces trois moments sont ceux de *Zadig,* de *Scarmentado* et de *Candide.*

A - LE MOMENT DE « ZADIG » (1747-1748).

Voltaire a connu des satisfactions d'amour-propre : il a été élu en 1746 à l'Académie française et, pendant quelque temps, est resté bien en cour. Mais il a éprouvé des ennuis et des déceptions de diverses sortes. Son état de santé l'inquiète, l'assujettit à un régime pénible. Ses ennemis le harcèlent et il commence à éprouver, à l'égard de leurs attaques, un sentiment de lassitude, perceptible dans sa correspondance.

En octobre 1747, il avait dû, pour une parole imprudente, quitter Versailles et se réfugier à Sceaux, chez la duchesse du Maine. Pendant son séjour dans cette nouvelle société mondaine, il écrivit plusieurs contes. Le plus important est *Zadig* ; mais deux autres, *Babouc* et *Memnon,* sont de la même veine. Nous voyons se définir dans ces textes une sagesse mêlée d'inquiétude, qui s'exprime en formules nuancées et parfois énigmatiques.

1 - Zadig ou la destinée.

Zadig, par la structure du récit, annonce *Candide,* puisque nous assistons dans *Zadig,* comme dans *Candide,* aux aventures d'un héros que les circonstances entraînent en divers points de l'univers et que son expérience souvent amère conduit à méditer sur la destinée. Zadig est, comme Candide, soumis à des épreuves successives, non pas toutes uniformément malheureuses, qui attestent, dans leur diversité même, le caprice de la destinée. Zadig, jeune babylonien, devient favori du roi et premier ministre ; mais il tombe amoureux de la reine Astarté et la jalousie royale l'oblige à s'enfuir. Pour avoir sauvé une femme des brutalités d'un amant, il devient esclave en Egypte, puis son maître reconnaissant l'affranchit et le charge d'une mission. Zadig tombe ensuite au pouvoir de brigands, mais il peut reprendre la route de Babylone, retrouve Astarté esclave et la délivre. Les Babyloniens en révolution demandent un roi et désignent Zadig qui, après une nouvelle suite d'épreuves, peut enfin monter sur le trône et épouse Astarté.

Il y a dans *Zadig* un épisode particulièrement important : celui de l'ermite. Il paraît devoir donner, dans sa conclusion, la clef du conte tout entier, puisqu'il s'achève par une discussion de portée générale sur l'homme et sur l'univers. Cependant, à dessein, Voltaire maintient une certaine équivoque, et cette équivoque correspond peut-être, chez lui, en cette période de sa vie, à une hésitation personnellement éprouvée.

Le héros vient d'assister à un spectacle qui l'a révolté. Son compagnon l'ermite, en effet, vient de prendre un enfant par les cheveux et de le jeter dans la rivière. Zadig l'interpelle rudement, le traite de monstre, de scélérat et de barbare. Alors nous assistons à une transfiguration, car le prétendu ermite est un ange, chargé d'enseigner à Zadig la soumission à l'ordre de la Providence.

Tandis que le Babylonien parlait, il aperçut que le vieillard n'avait plus de barbe, que son visage prenait les traits de la jeunesse. Son habit d'ermite disparut ; quatre belles ailes couvraient un corps majestueux et resplendissaient de lumière. « O envoyé du ciel ! ô ange divin ! s'écria Zadig en se prosternant, tu es donc descendu de l'empyrée pour apprendre à un faible mortel à se soumettre aux ordres éternels ? – Les hommes, dit l'ange Jesrad, jugent de tout sans rien connaître : tu étais celui de tous les hommes qui méritait le plus d'être éclairé ». Zadig lui demanda la permission de parler. « Je me défie de moi-même, dit-il ; mais oserai-je te prier de m'éclaircir un doute ; ne vaudrait-il pas mieux avoir corrigé cet enfant, et l'avoir rendu vertueux, que de le noyer ? » Jesrad reprit : « S'il avait été vertueux, et s'il eût vécu, son destin était d'être assassiné lui-même avec la femme qu'il devait épouser et le fils qui en devait naître. – Mais quoi ! dit Zadig, il est donc nécessaire qu'il y ait des crimes et des malheurs ? et les malheurs tombent sur les gens de bien ! – Les méchants, répondit Jesrad, sont toujours malheureux : ils servent à éprouver un petit nombre de justes répandus sur la terre, et il n'y a point de mal dont il ne naisse un bien. – Mais, dit Zadig, s'il n'y avait que du bien et point de mal ? – Alors, reprit Jesrad, cette terre serait une autre terre, l'enchaînement des événements serait un autre ordre de sagesse ; et cet autre ordre, qui serait parfait, ne peut être que dans la demeure éternelle de l'Etre suprême, de qui le mal ne peut approcher. Il a créé des millions de mondes dont aucun ne peut ressembler à l'autre. Cette immense variété est un attribut de sa puissance immense. Il n'y a pas deux feuilles d'arbre sur la terre, ni deux globes dans les champs infinis du ciel, qui soient semblables, et tout ce que tu vois sur le petit atome où tu es né devait être dans sa place et dans son temps fixe, selon les ordres immuables de celui qui embrasse tout. Les hommes pensent

> que cet enfant qui vient de périr est tombé dans l'eau par hasard, que c'est par un même hasard que cette maison est brûlée ; mais il n'y a point de hasard ; tout est épreuve, ou punition, ou récompense, ou prévoyance. Souviens-toi de ce pêcheur qui se croyait le plus malheureux de tous les hommes. Orosmade t'a envoyé pour changer sa destinée. Faible mortel ! cesse de disputer contre ce qu'il faut adorer. – Mais, dit Zadig... » Comme il disait *Mais,* l'ange prenait déjà son vol vers la dixième sphère. Zadig, à genoux, adora la Providence et se soumit.

L'ange Jesrad, en réalité, tient des propos de philosophe leibnizien : ce qu'il prétend enseigner à Zadig, c'est le providentialisme de Leibniz. Nous retrouvons ainsi, sans que Voltaire le nomme, ce philosophe allemand déjà mis en cause par Voltaire dans *Micromégas* pour sa doctrine de l'harmonie préétablie. Mais dans *Zadig,* il s'agit de traiter d'un autre problème et de rendre compte de l'existence du Mal. Les théologiens et les philosophes chrétiens se sont tous employés à résoudre la difficulté soulevée par la présence du Mal dans l'univers comme l'œuvre d'une puissance souverainement bonne. Leibniz, dans sa *Théodicée,* a mis l'accent sur l'idée que toutes choses devaient être jugées dans une perspective d'ensemble et non point isolées les unes des autres. La loi de l'univers est la diversité (comme dit la sagesse des nations, il faut de tout pour faire un monde) : lorsque Voltaire fait déclarer à l'ange qu'il n'y a pas deux feuilles d'arbre semblables sur la terre, il reprend une observation de Leibniz. Dans ces conditions, notre vie nous expose aux expériences les plus contradictoires et parfois les plus déconcertantes ; mais si nous nous laissons déconcerter, c'est parce que nous restons enfermés dans le cadre étroit de notre horizon. Cette diversité qui nous paraît chaotique se résout, vue d'en haut, en une unité suprême où tout objet a sa fonction, et même ce que l'homme appelle le Mal. Ainsi se trouve-t-il justifié.

Nous n'avons pas à juger le système de Leibniz, mais seulement à voir ce que Voltaire peut en penser, et il suffit de suivre le dialogue de Jesrad et de Zadig pour voir que la raison du conteur ne saurait s'incliner. « Il n'y a pas de mal dont il ne naisse un bien », dit l'Ange. Mais, rétorque Zadig, « s'il n'y avait que du bien, et point de mal » ? Certes l'Ange Leibniz a encore de quoi répliquer, mais nous sentons bien que Voltaire ne le suit pas, ni Zadig. Et quand l'Ange a fini de parler, Zadig lui oppose encore un *Mais*... Zadig n'est donc pas convaincu : ce fait est bien acquis. Voltaire, pourtant, n'entraîne pas son héros dans cette révolte où, pour des raisons métaphysiques analogues, se jettera un Vigny, accusant Dieu d'avoir manqué sa création. Zadig renonce à comprendre, il se soumet.

Ainsi pouvons-nous faire le point, d'après cet épisode, sur l'attitude de Voltaire à l'égard du problème de la destinée au temps de *Zadig*. Les arguments de Leibniz pour justifier la Providence lui apparaissent déjà comme des sophismes. Toutefois, il n'a pas encore pris le parti de les railler. Il hésite à se prononcer contre Dieu. Il incline à penser que l'homme ne possède pas toutes les données nécessaires pour trancher sur tout. Ce n'est pas l'attitude d'un désespéré. Ce n'est pas non plus l'attitude d'un homme très content. Aux vicissitudes de l'existence, Voltaire éprouve le besoin d'opposer un *Mais,* où se trahit, selon l'humeur du jour, l'étonnement ou la mélancolie.

2 - Le Monde comme il va, vision de Babouc.

Dans *Le Monde comme il va, vision de Babouc* (1748), nous assistons à une enquête menée par un envoyé du ciel en une ville nommé Persépolis, où il est aisé de reconnaître Paris. Le propos du conte, cependant, n'est plus de faire mesurer aux hommes leurs aberrations et leurs ignorances, mais de conduire leur procès, de juger impartialement leur conduite et de décider si la société est insupportable ou bien si elle est vivable. Par delà la critique des institutions humaines demeure ainsi posé le problème qui est devenu pour Voltaire le problème essentiel, celui du bonheur.

Voici donc Babouc, le messager du génie Ituriel, envoyé à Persépolis pour savoir si on châtierait la ville ou si on la détruirait de fond en comble. Sur sa route, il rencontre l'armée persane aux prises avec l'armée indienne : il s'aperçoit que les deux partis ont tort et que les soldats ignorent pourquoi ils se battent. Il pénètre ensuite dans la ville et voit ses statues, ses monuments, ses églises, ses théâtres ; il apprend à connaître les prêtres, les hommes de loi, les moines, les hommes de lettres, les commerçants ; il assiste à des scandales privés qui l'édifient sur le caractère des femmes. Tout au long de son enquête, il oscille ; il penche tantôt pour que Persépolis soit détruite et tantôt pour qu'elle soit sauvée. Pourtant, plus la mission se prolonge et plus Babouc incline à la clémence, car il découvre de l'héroïsme chez quelques hommes de guerre, de la charité chez quelques moines, de la raison chez quelques écrivains, de l'équité chez quelques magistrats et beaucoup de charme chez une certaine dame, nommée Téone, qui pourrait bien être, dans l'esprit de Voltaire, Mme du Châtelet. Si bien qu'en définitive la balance penche en faveur de Persépolis et que le conte s'achève, après le rapport de l'émissaire, par une décision indulgente du génie Ituriel : il se résout à « laisser aller *le monde comme il va,* car, dit-il, *si tout n'est pas bien, tout est passable* ».

Nous sommes donc parvenus à une nouvelle étape dans la sagesse de Voltaire. La leçon du *Mondain* était, en somme : « Tout est bien », et celle de *Micromégas* : « Tout serait bien, si les hommes voulaient être raisonnables ». Depuis lors, Voltaire a été témoin de trop d'injustices, il a subi trop de vexations pour innocenter tout à fait le destin. Il convient que le mal est implanté dans nos sociétés modernes et n'envisage pas de l'extirper par des moyens héroïques : sa morale est conservatrice, sinon conformiste. Mais il pense que la condition humaine n'est pas assez désastreuse pour qu'on en désespère, qu'il serait excessif et puéril de s'indigner, qu'il y a plus de sagesse à se résigner, à faire face, afin de vivre, sinon bien, du moins le mieux ou le moins mal possible. Tout est passable, c'est le « tout est relatif » de *Micromégas,* mais sur un autre plan : une prise de conscience sans illusion, mais sans désespoir, qui laisse à l'homme le courage de vivre.

3 - Memnon ou la sagesse humaine.

La leçon est encore du même ordre dans *Memnon ou la sagesse humaine,* un récit légèrement postérieur aux deux précédents. « Memnon conçut un jour le projet insensé d'être parfaitement heureux ». Insensé, car lorsque le destin s'acharne sur une créature, il devient difficile, pour la victime, de ne pas accuser les coups. Memnon commence par décider, pour assurer son bonheur, de vivre sans passions, de se tenir à l'écart des femmes, d'éviter la bonne chère et de préférer l'indépendance aux vanités de la fortune ou de l'ambition. Il croit donc qu'il suffit de bons principes pour être assuré de bien vivre. Or il n'est à l'abri ni d'une aventurière qui l'entraîne dans un guet-apens, ni d'un dîner où il perd le contrôle de lui-même, ni de diverses circonstances qui l'obligent à se démentir. Bref, résume Voltaire, dressant le bilan des expériences de son héros, « Memnon, ayant renoncé le matin aux femmes, aux excès de table, au jeu, à toute querelle, et surtout à la Cour, avait été avant la nuit trompé et volé par une belle dame, s'était enivré, avait joué, avait eu une querelle, s'était fait crever un œil et avait été à la Cour, où l'on s'était moqué de lui ».

Or Memnon, la mort dans l'âme, rencontre, comme Zadig, un ange, ou plutôt un bon génie, *son* bon génie, qui entreprend de le consoler et de lui enseigner « qu'il faut que tout soit en sa place ». Memnon se souvient alors de la maxime des philosophes leibniziens : « Tout est bien » et son interlocuteur la lui confirme : « ils ont grande raison... en considérant l'arrangement de l'univers entier. – Ah ! je ne croirai cela, répliqua le pauvre Memnon, que quand je ne serai plus borgne ».

Ainsi, de plus en plus, Voltaire grince des dents, au spectacle des maux qui l'accablent et qui accablent les autres hommes. Nous avons vraiment le sentiment que pour lui les beaux jours sont passés. Du moins la vie est-elle encore tolérable, ou sommes-nous forcés de la tolérer, de la prendre, comme Babouc, comme elle est, puisque de toute façon le destin ne nous laisse pas le choix. Telle est, devant l'existence, l'attitude de Voltaire dans les années 1747-1748 ; tel est le moment de *Zadig*.

B - LE MOMENT DE « SCARMENTADO » (1753-1755)

Pour comprendre comment la philosophie de Voltaire s'est assombrie encore après *Zadig* et *Memnon*, il convient de décrire quelques-unes des aventures qui se sont abattues sur lui et qui, peu à peu, ont aggravé son désarroi.

Nous devons mettre en évidence, tout d'abord, les désastres privés des années 1748-1749. Au début de 1748, Voltaire et Mme du Châtelet se sont rendus à l'invitation du roi Stanislas de Pologne, dont la Cour résidait en Lorraine, tantôt à Lunéville, tantôt à Commercy. Le séjour à Lunéville fut d'abord heureux. Mais dans le courant de l'été va commencer, pour l'écrivain, une mauvaise période, où des calamités diverses vont s'abattre sur lui. C'est d'abord, en août 1748, l'échec, à Paris, plus ou moins organisé, de sa tragédie *Sémiramis.* Ce sont ensuite, pendant le voyage de retour en Lorraine, de graves troubles de santé, qui l'obligent à s'arrêter, presque mourant, à Chalons. Puis, c'est l'arrivée à Commercy et bientôt la découverte d'un scandale dont il sera la première victime.

Il faut ici évoquer le médiocre poète Saint-Lambert, dont le nom demeure surtout lié à l'histoire de notre littérature à cause du rôle joué par lui dans la vie privée des deux plus grands écrivains du siècle, Voltaire et Rousseau. On sait que Saint-Lambert sera l'amant fidèle de Mme d'Houdetot et l'obstacle principal au bonheur de Rousseau. Mais il avait été aussi l'amant de Mme du Châtelet et cette liaison avait eu des conséquences tragiques. Saint-Lambert séjournait alors à la cour de Commercy. Un soir d'octobre 1748, Voltaire, d'après le récit de Longchamp son secrétaire, le surprit avec Mme de Châtelet

« sur un sopha, conversant d'autre chose que de vers et de philosophie ». Il faillit d'abord se battre avec Saint-Lambert, mais un tel duel était inconcevable à propos d'une personne qui n'était la femme légitime ni de l'un ni de l'autre : seul le marquis du Châtelet aurait eu son mot à dire, et il ne le dit pas. Voltaire fit sa paix avec Saint-Lambert et même avec la marquise : « Ah ! Madame », lui aurait-il dit au terme d'une longue querelle, « vous aurez toujours raison ; mais puisqu'il faut que les choses soient ainsi, du moins qu'elles ne se passent pas devant mes yeux ! » En janvier 1749, cependant, Mme du Châtelet, alors âgée de 44 ans, doit lui annoncer qu'elle attend un enfant. Le 4 septembre, une fille est mise au monde ; mais elle ne vivra pas et Mme du Châtelet meurt, six jours plus tard, des suites de ses couches. La douleur de Voltaire fut immense... A Saint-Lambert, il fit d'abord des reproches douloureux : « Ah ! mon ami, c'est vous qui l'avez tuée », puis il eut ce mot célèbre et plein d'humour noir : « Eh ! Mon Dieu ! Monsieur, de quoi vous avisiez-vous de lui faire un enfant ! » Mais avec son ami d'Argental, il s'épanche avec une sincérité plus directe : « Je n'ai point perdu ma maîtresse, j'ai perdu la moitié de moi-même, une âme pour qui la mienne était faite, une amie de vingt ans que j'avais vue naître. Le père le plus tendre n'aime pas autrement sa fille unique ». Cette lettre est écrite de Cirey, le 23 septembre 1749. Quelques jours plus tard, Voltaire est de retour à Paris, dans la maison qu'il a habitée avec

Mme du Châtelet ; il se lève la nuit et erre dans l'obscurité, appelant sa chère Emilie. Tel était l'homme que l'on décrit parfois comme un esprit sec et dépourvu de toute sensibilité.

Voici maintenant des épreuves d'une autre sorte et d'ailleurs extrêmement connues, liées au séjour que fit Voltaire en Prusse, auprès de Frédéric II, de 1750 à 1753. Il était parti plein d'espoir et persuadé qu'il jouerait un rôle important comme conseiller privé du roi. Les désillusions vinrent bien vite. A la Cour de Frédéric, des hostilités se déclarent contre l'étranger et Voltaire subit des humiliations d'amour-propre dont témoignent quelques-unes de ses lettres. Au bout d'un an, le roi, lui-même désenchanté, a ce mot, qui est rapporté à l'intéressé : « On presse l'orange et on jette l'écorce ». Ecrivant à Mme Denis, Voltaire constate, dans une lettre célèbre, qu'on a pressé l'orange, en effet, et que l'écorce sera bientôt jetée. Puis, l'année suivante, il se laisse aller à prendre parti dans la célèbre querelle qui oppose à Berlin deux savants, qu'il connaissait déjà l'un et l'autre : Maupertuis, directeur de l'Académie de Berlin, et Koenig, métaphysicien et géomètre. Il se prononce contre Maupertuis et rédige la *Diatribe du Docteur Akakia*, que Frédéric fera brûler dans les carrefours de Berlin. Le 26 mars 1753 enfin, il doit quitter Berlin, emportant dans ses bagages des vers composés par le roi, avec l'arrière-pensée probable de les livrer à la dérision du public, par vengeance, une fois entré en France. Mais le Résident de

Prusse à Francfort le fait arrêter et le retient de force pendant cinq semaines. Une fois libre, Voltaire, après avoir franchi la frontière, se voit interdire Paris par le gouvernement de Louis XV et doit passer quelques mois à Colmar, où il subit les tracasseries des Jésuites. Il se juge finalement indésirable en France comme en Prusse, se considère comme déraciné et commence à envisager sérieusement de se fixer en Suisse. L'achat de la propriété des Délices, à Genève, au début de 1755, marque la fin de cette période agitée et pénible de sa carrière.

C'est sans doute au cours de cette période, à une date qui ne peut être précisée, que fut composé le nouveau récit intitulé *Histoire des voyages de Scarmentado,* publié seulement en 1756. *Scarmentado* est une œuvre beaucoup plus amère que *Zadig* et *Micromégas.* Le héros symbolise l'homme instruit par l'expérience du monde. Il est aisé de retrouver dans *Scarmentado* des allusions aux expériences récentes de Voltaire lui-même, à quelques-uns de ses démêlés avec des poètes rivaux ou avec des ecclésiastiques et même, dans les dernières lignes, à sa mésaventure privée avec Mme du Châtelet. Mais Voltaire, selon son habitude, prend soin de dépayser le lecteur et il a recours, cette fois, à l'éloignement dans le temps, plutôt que dans l'espace : Scarmentado est un homme du XVIIème siècle. C'est l'occasion, pour l'écrivain, d'utiliser les souvenirs des travaux historiques accomplis soit à propos du *Siècle de Louis XIV,* publié en 1751, soit à propos de l'*Essai sur les mœurs,* préparé dans les années 1752 et suivantes. Les horreurs de toute sorte qui se sont accumulées dans le passé des hommes s'ajoutent, dans son esprit, aux exemples fournis par la réalité contemporaine et l'entraînent à composer un tableau très sombre de la condition humaine. Scarmentado a voyagé, comme Voltaire et même plus que Voltaire : ses voyages l'ont instruit et il en dresse le bilan cruel. Ce schéma est déjà celui de *Candide,* à cette différence près que les voyages de Scarmentado sont rapportés par le héros lui-même.

Scarmentado a donc été élevé à Rome et fut bien vite instruit des scandales privés de la Cour romaine. Il séjourne en France au temps de Louis XIII, alors que couve encore le feu des querelles religieuses allumé au siècle précédent. De là, il passe en Angleterre, où des querelles du même ordre sévissent, accompagnées de troubles sanglants ; puis en Hollande déchirée par la guerre civile ; puis en Espagne dominée par le fanatisme de l'Inquisition ; puis en Turquie où s'affrontent les chrétiens de l'église romaine et ceux de l'église grecque sous les regards du pouvoir musulman ; puis en Chine où rivalisent les missionnaires jésuites et les missionnaires dominicains ; puis dans l'Inde tyrannisée par un empereur mongol ; en Afrique enfin où les corsaires nègres se vengent sur les blancs arraisonnés par eux de l'esclavage dont leur race est victime. Ces voyages ont éveillé chez le héros une lassitude immense ; il prend le parti de regagner ses pénates et de se marier, acceptant bientôt une disgrâce privée comme le malheur le plus anodin qui soit, après le spectacle de tant de frénésies collectives.

Tel est bien l'état d'esprit de Voltaire dans sa soixantième année. Le désir impérieux lui est venu, après tant d'ambitions déçues, d'une paisible retraite où ne viendront plus l'ébranler les agitations humaines et où il pourra cultiver à loisir un domaine bien à lui. C'est ce bonheur relatif qu'il cherche aux Délices, et nous sommes bien proches, déjà, de la sagesse de *Candide.* Mais pour que cette sagesse s'exprime dans sa plénitude, il faudra la leçon d'épreuves nouvelles, qui seront celles des années 1755-1758.

C - LE MOMENT DE « CANDIDE » (1755-1758).

Deux épisodes d'actualité vont successivement secouer Voltaire, peu après son installation aux Délices, et l'amener à sortir de son confort bourgeois pour s'engager de nouveau dans la lutte philosophique : le désastre de Lisbonne et la Guerre de Sept Ans. Nous retiendrons seulement, de ces deux épisodes, les éléments qui doivent aider à mieux comprendre les dispositions d'esprit de l'écrivain à la veille d'écrire *Candide.*

Le 24 novembre 1755, Voltaire apprend avec horreur qu'un tremblement de terre a détruit la ville de Lisbonne : la catastrophe se chiffrera par quarante mille morts. Seize jours plus tard, le 10 décembre, la terre tremble encore sur le territoire suisse, et le propriétaire des Délices ressent ce nouvel ébranlement, qui ne fera pas de victimes : à l'heure du déjeuner, une bouteille de vin muscat se renverse et se répand sur la table. Mais déjà l'événement lui avait suggéré de poser de nouveau, en termes plus impérieux qu'autrefois, le problème abordé dans *Zadig*, celui de l'antinomie du Mal et de la Providence. Cette idée est au centre du poème sur le désastre de Lisbonne, qui, publié en 1856, allait avoir un immense retentissement.

Cette fois, il n'est plus question de se soumettre aux volontés incompréhensibles de la Providence et de garder pour soi les protestations de la raison humaine devant un malheur aussi injustifiable, Voltaire argumente, il réfute toute interprétation providentialiste de l'univers. Peut-être songe-t-il moins à l'optimisme de Leibniz qu'à celui de l'Anglais Pope, auquel il était tout près d'adhérer au temps où il composait *Le Mondain* et où il adaptait les *Discours sur l'homme* de cet écrivain. A la notion d'un ordre supérieur voulu par la Providence, il oppose la constatation d'un désordre absurde, que la sagesse ne peut accepter. Il remet en cause le principe même de toute existence et formule des questions angoissées, auxquelles il ne peut trouver de réponse :

Pourquoi donc souffrons-nous sous un maître équitable ? [...]
Que suis-je, où suis-je, où vais-je, et d'où suis-je tiré ?

A l'époque, de telles questions paraissaient scandaleuses à beaucoup de gens. Le désastre de Lisbonne a inspiré à d'autres écrivains des méditations beaucoup plus conformistes, tendant à justifier le plan divin. Le plus célèbre des contradicteurs de Voltaire fut Rousseau qui, tout en déplorant le malheur survenu, s'attachait à conserver au fond de lui-même le sentiment de la douceur de toute existence et qui, dans une lettre célèbre, affirma, contre Voltaire, la Providence, non pas comme une évidence métaphysique, mais comme un postulat de son cœur : « Je la sens, je la crois ; je la veux, je l'espère ». Entre les deux philosophes est ouvert ainsi un dialogue idéologique, où s'affrontent deux attitudes opposées devant l'existence. Rousseau, dans ses *Confessions,* prétendra que *Candide* est une réponse directe et publique de Voltaire aux opinions exprimées dans la lettre. C'est simplifier un peu la réalité historique, car de nouvelles circonstances, antérieures à *Candide,* vont encore nourrir la méditation d'où cette œuvre est née.

A la date d'août 1756, où Rousseau écrivait à Voltaire, les hostilités, que Voltaire avait cru éteintes pour très longtemps en Europe avec le traité d'Aix-la-Chapelle, sont ranimées depuis trois mois. L'Angleterre est entrée dans la lutte avec la France, qui se trouve bientôt aussi engagée aux côtés de l'Autriche contre la Prusse. C'est le début de la Guerre de Sept Ans. Voltaire éprouva une déception profonde et suivit le cours des événements avec la plus grande attention ; il renoua même à cette occasion ses rapports avec Frédéric II, qui voulut, en 1757, négocier la paix avec la France ; il joua, sans grand succès, le rôle d'un diplomate officieux. Ainsi fut-il entraîné dans des rapports épistolaires, non seulement avec le roi de Prusse, mais avec de petits princes allemands, dont les territoires étaient ravagés par les incursions des armées en conflit.

Parmi ces princes, il faut citer tout particulièrement le duc et la duchesse de Saxe-Gotha, avec lesquels Voltaire entretint une correspondance suivie. La duchesse était une leibnizienne fervente, qui opposait au malheur une constance toute philosophique : le poème de Lisbonne lui avait fait une peine qu'elle avoua à son auteur. Il lui arrive, dans ses lettres, de répéter « Tout est bien », même après la mort de son fils, en 1756. Et en 1757, alors que la guerre est venue sur son territoire, elle écrit à Voltaire : « Une chose peut être mauvaise à certains égards, par partie, pour tel ou tel individu, et être bonne dans son ensemble pour le but général... Je hais la guerre un peu plus encore que de coutume et n'admire pas moins les décrets divins de cette sage et bonne Providence ». Cette philosophie, exprimée dans des circonstances aussi cruelles, contribue à ramener Voltaire vers une méditation de la pensée de Leibniz et à se montrer de plus en plus sévère pour l'optimisme du philosophe allemand. Répondant à la duchesse, il l'appelle, parodiant une maxime leibnizienne, « la meilleure des princesses possibles » ; mais aussi il commente pour elle avec ironie les épisodes de l'actualité, en déclarant par exemple : « Cela ne va pas mal, et avec le temps l'optimisme sera démontré ». C'est déjà le ton et le procédé polémique de *Candide* : faire professer l'optimisme par un philosophe obstiné et montrer aussitôt cet optimisme démenti par la leçon implacable des faits. Le récit de *Candide* est rempli d'épisodes horribles où revient comme une obsession le thème de la guerre. Il a son point de départ chez un grand seigneur allemand. Il se rattache aussi, malgré la gratuité apparente de l'invention, qui est de règle dans le genre du conte philosophique, à des réflexions aiguës sur l'actualité la plus brûlante. Tel est exactement le climat dans lequel, en 1758, Voltaire va composer *Candide*.

II - LA RÉDACTION DE « CANDIDE »

Certaines légendes courent encore sur les conditions dans lesquelles fut rédigé *Candide*. Sur la foi d'un témoignage mal interprété, on déclare parfois que le conte a été écrit en trois jours : ce serait vraiment faire un trop large crédit à la facilité de Voltaire que d'accepter une telle tradition. S'il est possible qu'un délai de trois jours ait suffi pour les dernières mises au point et pour la révision générale de l'œuvre avant l'envoi à l'imprimeur, il faut, en revanche, admettre que la maturation a été beaucoup plus longue. Le problème n'est pas indifférent ni purement extérieur, car l'art du prosateur, dans *Candide*, est si strict, si contrôlé, que l'écrivain le plus doué ne pouvait parvenir à un tel résultat sans un minutieux travail. Voltaire épistolier écrit presque toujours au courant de la plume et son improvisation est déjà admirable. Voltaire conteur se place dans d'autres conditions et cisèle sa prose avec autant de soin et avec plus de bonheur que les vers de ses tragédies.

Pour *Candide*, nous possédons un témoignage très précis de Wagnière, qui, à cette époque, fut le secrétaire de l'écrivain : « *Candide* fut imprimé en 1759, composé en 1758. La première copie que j'en fis fut en juillet 1758, à Schwetzingen, pour son Altesse Eminentissime l'Electeur Palatin ». Or on sait que Voltaire passa trois semaines chez l'Électeur palatin Charles-Théodore, du 16 juillet 1758 au 6 août. Il est installé dans un beau château entouré d'un parc dont le style rappelle celui de Versailles. Il fréquente une cour où l'on attache autant d'importance à l'étiquette et aux quartiers de noblesse que dans le château du baron Thunder-ten-tronckh. En outre, il se dispose à rejoindre bientôt près de Lausanne une westphalienne, Mme de Bentinck, qui fut sa grande amie à Potsdam, et cela après une séparation marquée, pour son amie, par des voyages mouvementés. Or on sait que Candide est l'hôte d'une petite cour allemande de Westphalie et qu'il poursuivra Cunégonde à travers le monde entier. Il est permis de penser que le récit de Voltaire doit quelques traits à ces diverses circonstances.

Un contemporain de Voltaire, qui fut d'ailleurs son ennemi, le pasteur Formey, va même plus loin et prétend, en se référant au témoignage de l'envoyé de Saxe auprès de Charles-Théodore, que Voltaire, pour « se rendre agréable à l'électeur [...] *commença* (chez lui) la composition de *Candide,* dont il lisait les chapitres à ce prince à mesure qu'ils étaient faits ». Mais l'indication manque de sûreté et le témoin ne mérite pas grand crédit. M. Pomeau croirait plus volontiers que le conte a été mis en chantier sensiblement plus tôt, tout au début de 1758, pendant un séjour de Voltaire dans sa maison du Grand-Chêne à Lausanne, en face d'un paysage hivernal qui a pu l'inciter à faire tomber la neige « à gros flocons » au premier chapitre de *Candide* ; mais les présomptions réunies en faveur de cette hypothèse ne sont pas décisives. En revanche, la découverte par M. Wade d'un manuscrit de *Candide*, utilisé par M. Pomeau dans ses éditions critiques, et dont nous aurons à reparler, manuscrit retouché de la main de Voltaire en quelques endroits, paraît bien fournir la preuve que l'écrivain a, de nouveau, travaillé à *Candide* après son séjour dans le Palatinat, au mois d'octobre 1758, car c'est vers cette date, selon toute vraisemblance, que ce manuscrit a été dicté. On sait enfin que *Candide* fut imprimé en décembre de la même année par les soins des Cramer et parut en janvier 1759.

En résumé, il est probable, sinon certain, que Voltaire a mis en chantier *Candide* tout au début de 1758 ; il est certain qu'il y a travaillé pendant l'été chez l'électeur Charles-Théodore, dans l'atmosphère d'une petite cour allemande, et qu'il a revu et complété son œuvre à l'automne de la même année. Or c'est en octobre 1758 qu'il acquiert les domaines de Ferney et de Tourney, où il va pouvoir, tout à son aise, « cultiver son jardin ».

Avant d'en terminer avec cette genèse de l'œuvre imprimée, il convient de décrire notre documentation manuscrite et de signaler les principales éditions de l'époque. Le manuscrit copié par Wagnière n'a pas été conservé. Le manuscrit découvert par M. Wade est le seul dont nous puissions faire état, puisque nous n'en connaissons pas d'autre. Toutefois, ce n'est pas encore ce manuscrit-là qui servit à l'impression, et il faut donc en supposer sans doute un troisième, postérieur encore. Quant aux éditions ou réimpressions, on en a recensé une vingtaine pour la seule année 1759, ce qui en dit long sur l'accueil réservé à l'ouvrage. André Morize a pris pour base de son édition critique le texte original édité chez Cramer, en y incorporant quelques corrections de 1761. M. Pomeau a été mieux inspiré en reproduisant l'édition de 1771, au tome XIII des *Oeuvres complètes* in-quarto, car il est certain que cette édition a été revue par Voltaire et qu'il n'a plus modifié son texte par la suite, si bien que cette édition de 1771 fournit l'état définitif de l'œuvre.

III - LES SOURCES DE « CANDIDE »

Nous avons observé en étudiant *Micromégas* que Voltaire ne se faisait pas scrupule d'emprunter certains détails pittoresques à des devanciers et que les voyages imaginaires de Cyrano et surtout de Swift avaient été souvent mis à contribution. On relève aussi dans *Candide* quelques emprunts à la littérature d'imagination et nous pouvons en citer deux, à titre d'exemple. Au chapitre XVIII, lors du séjour en Eldorado, les voyageurs se demandent comment saluer le roi du pays et, notamment, si on lèche la poussière de la salle : ce détail vient des *Voyages de Gulliver,* où l'on voit le héros, dans son dernier voyage, invité à « ramper sur le ventre et balayer le plancher avec [sa] langue ». Au chapitre précédent, nous avons appris comment les voyageurs avaient eu l'accès à cette contrée bénie en s'abandonnant au courant d'une rivière qui se perd souvent sous une voûte de rochers ; cette fois Voltaire se souvient, comme l'a montré Jean Pommier, des aventures de Sindbad le Marin dans les *Mille et une Nuits.*

Il n'est pas étonnant que ces emprunts à la littérature merveilleuse soient relevés tous deux dans l'épisode en partie mythique de l'Eldorado, où la fantaisie du conteur peut s'ébrouer aussi librement que dans *Micromégas.* D'une façon générale, cependant, le problème des sources de *Candide* se pose autrement que celui des sources de *Micromégas,* car *Candide* est un récit assez extravagant certes, mais destiné, en principe, à évoquer les aspects de la civilisation au XVIIIe siècle dans le monde entier. Il est donc normal qu'on y relève des allusions non seulement à l'actualité (comme dans l'épisode de *Micromégas* relatif à l'expédition Maupertuis), mais aux ouvrages historiques, aux relations de voyages, bref à tous les livres qui pouvaient fournir à Voltaire des documents ou des enseignements sur son siècle.

A - LA DOCUMENTATION HISTORIQUE ET LIVRESQUE.

Il convient d'observer à ce propos qu'il n'existe aucune cloison étanche entre les diverses activités de Voltaire écrivain. Voltaire a composé des ouvrages purement historiques, mais il se révèle historien aussi dans ses contes et jusque dans ses tragédies. Il arrive d'ailleurs que les mêmes épisodes soient rapportés dans tel de ses contes et tel de ses livres d'histoire, mais traité chaque fois selon les lois particulières du genre. C'est ce que nous pouvons constater au sujet de *Candide*. Ce conte est contemporain de travaux complémentaires effectués en 1758 en vue d'une nouvelle édition de l'*Essai sur les mœurs* ; et plusieurs passages seraient à confronter dans *Candide* et dans l'*Essai*.

Ainsi pour le chapitre XIV de *Candide*, relatif au Paraguay. Le conteur précise que ce pays est divisé en trente provinces, et le même détail est fourni dans l'*Essai*, à cela près que les provinces sont appelées des cantons. L'auteur de *Candide* note que les pères Jésuites y sont tout « et les peuples rien » ; l'auteur de l'*Essai* écrit que les Paraguéens « sont les esclaves des Jésuites ». On lit encore dans *Candide,* chapitre XIV : « Pour moi, je ne vois rien de si divin que Los Padres, qui font ici la guerre au roi d'Espagne et au roi de Portugal et qui en Europe confessent ces rois ; qui tuent ici des Espagnols et qui à Madrid les envoient au Ciel ». Dans l'*Essai sur les mœurs,* l'ironie ne serait guère de mise, mais les mêmes faits sont relevés dans le même esprit, sinon sur le même ton : « Pendant que les religieux faisaient la guerre en Amérique aux rois d'Espagne et de Portugal, ils étaient en Europe les confesseurs de ces princes ». Les sources historiques de *Candide* et de l'*Essai* sont évidemment les mêmes. Voltaire, d'ailleurs, a mentionné dans l'*Essai* une *Relation* de Carvalho concernant la République établie outre-mer par des Jésuites espagnols et portugais ; ouvrage tout récemment paru au temps de *Candide,* ainsi qu'une autre relation plus ancienne due au Père Florentin, de l'ordre des Franciscains ; il connaît aussi l'*Histoire du Paraguay* publiée en 1756 par le Père Charlevoix.

L'épisode de l'esclave noir, au chapitre XIX de *Candide,* permet une observation plus curieuse, si l'on observe qu'il ne figure pas dans le manuscrit utilisé par M. Pomeau, et donc que Voltaire dut l'ajouter in extremis, en octobre ou en novembre 1758. A cette date venait tout juste de paraître le livre d'Helvetius *De l'Esprit,* dont le retentissement fut considérable. Or on y relevait, sur l'esclavage noir, le passage suivant : « On conviendra qu'il n'arrive point de barrique de sucre en Europe qui ne soit teinte de sang humain » ; nous lisons en écho dans *Candide,* chapitre XIX, après diverses précisions sur la misérable condition des esclaves : « C'est à ce prix que vous mangez du sucre en Europe .». Il est très probable que le texte d'Helvetius a mis en branle l'imagination de Voltaire et l'a incité à insérer dans *Candide* l'épisode sur l'esclavage, qui vient s'ajouter aux développements sur la guerre, sur l'Eglise ou sur la justice pour compléter le tableau des injustices et des cruautés du temps. Il ne faut pas croire, pourtant, que Voltaire ait attendu Helvetius pour aborder ce problème ; il y était d'ailleurs incité par l'exemple de Montesquieu qui, dès 1748, dans une page célèbre de *L'Esprit des lois,* avait mis un humour féroce au service de la cause anti-esclavagiste ; et aussi par celui de l'*Encyclopédie,* qui venait de publier en 1755 deux articles nettement orientés sur les mots *Esclavage* (par Jaucourt) et *Esclave* (par Boucher d'Argis). Très évidemment, Voltaire a réuni des documents sur la question. Ainsi, selon l'article *Esclave* de l'*Encyclopédie,* le code noir stipule qu'un esclave fugitif, en cas de récidive, a le jarret coupé ; on trouve d'autre part un autre détail horrible dans le *Nouveau voyage aux Isles de l'Amérique* publié en 1741 par Labas : « Souvent des esclaves se trouvent pris au moulin avant qu'on puisse les secourir. En pareille occasion, le plus court remède est de couper promptement le bras d'un coup de serpe, et pour cela, on doit toujours tenir sur le bout de la table une serpe sans bec bien affilée pour s'en servir au besoin ». Voltaire s'empare de ces détails et nous lisons encore dans *Candide,* chapitre XIX : « Quand nous travaillons aux sucreries et que la meule nous attrape le doigt, on nous coupe la main ; quand nous voulons nous enfuir, on nous coupe la jambe ; je me suis trouvé dans ces deux cas ». Sur ce problème de l'esclavage comme sur la question de la colonie jésuite au Paraguay, il est d'ailleurs possible de noter une correspondance entre *Candide* et l'*Essai sur les mœurs,* où on lit, dans l'édition de 1761, ce passage ajouté par Voltaire en 1758 : « nous disons [aux esclaves] qu'ils sont rachetés du sang d'un Dieu mort pour eux, et ensuite on les fait travailler comme des bêtes de somme, on les nourrit plus mal ; s'ils veulent s'enfuir, on leur coupe la jambe, et on leur fait tourner à bras l'arbre des moulins à sucre lorsqu'on leur a donné une jambe de bois ; après cela nous osons parler du droit des gens ».

Une dernière corrélation entre *Candide* et l'*Essai* sera signalée à propos de deux chapitres sur l'Eldorado, qui, malgré leur aspect de conte des *Mille et une Nuits,* ne sont pas dépourvus de fondement géographique. On lit en effet dans l'*Essai sur les mœurs* le passage suivant : « On disait que la famille des Incas s'était retirée dans ce vaste pays dont les limites touchent à celles du Pérou ; que c'était là que la plupart des Péruviens avaient échappé à l'avarice et à la cruauté des chrétiens d'Europe ; qu'ils habitaient au milieu des terres, près d'un certain lac Parima, dont le sable était d'or ; qu'il y avait une ville dont les toits étaient couverts de ce métal ; les Espagnols appelaient cette ville *El Dorado* ; ils la cherchèrent longtemps ». De même, Voltaire écrit dans *Candide* que le royaume d'Eldorado appartenait à l'ancien empire Inca. Or il existe une *Histoire des Incas,* par Garcilasso de la Vega, consultée par Voltaire, qui y a puisé notamment quelques détails sur les Orejones ou Indiens à grandes oreilles, et l'auteur y situe le pays de « Dorade », au nord de l'Amazone et à l'est du « lac d'or ou de Parime ». En outre, Voltaire lui-même mentionne au chapitre XVIII de *Candide* le nom du célèbre chevalier Raleigh qui, jadis, a approché de ce territoire, et il est probable qu'il a eu entre les mains une relation du voyage de Walter Raleigh, réimprimée en 1722 avec un récit des *Voyages de François Coréal aux Indes Occidentales,* qui contient aussi des indications sur le pays d'Eldorado. Naturellement l'imagination de Voltaire brode à partir de ces sources, lorsqu'il évoque les émeraudes et les rubis qui jonchent les chemins du pays et lorsqu'il décrit l'indifférence totale des indigènes à ces richesses fabuleuses. Sur ce point précis encore, pourtant, les récits de voyages lui fournissent des éléments, en particulier le *Voyage de Georges Anson,* d'où il avait extrait la matière d'un chapitre pour son *Histoire de la Guerre de 1741.* Voici en effet le texte d'Anson, presque aussi merveilleux que l'épisode correspondant de

Candide : « Outre l'or, le Brésil fournissait aussi des diamants. Avant qu'on sût que c'était des diamants, on les négligeait, et on les jetait avec le sable et le gravier. Plusieurs personnes se sont rappelé dans la suite avec regret qu'il leur est passé par les mains des pierres qui auraient fait leur fortune... On m'a dit qu'un gouverneur d'un des endroits où se trouvent les diamants avait ramassé un grand nombre de ces cailloux pour s'en servir en guise de jetons. »

Pour en terminer avec cette documentation historique et livresque, nous considérerons encore deux épisodes de *Candide,* celui de l'Inquisition à Lisbonne et celui du carnaval de Venise.

> Un petit homme noir, familier de l'Inquisition, lequel était à côté de lui, prit poliment la parole et dit : « Apparemment que monsieur ne croit pas au péché originel ; car si tout est au mieux, il n'y a donc eu ni chute ni punition.
>
> – Je demande très humblement pardon à Votre Excellence, répondit Pangloss encore plus poliment, car la chute de l'homme et les malédictions entraient nécessairement dans le meilleur des mondes possibles. – Monsieur ne croit-il donc pas à la liberté ? dit le familier. – Votre Excellence m'excusera, dit Pangloss : la liberté peut subsister avec la nécessité absolue ; car il était nécessaire que nous fussions libres ; car enfin la volonté déterminée... » Pangloss était au milieu de sa phrase, quant le familier fit un signe de tête à son estafier qui lui servait à boire du vin de Porto ou d'Oporto.
>
> *(Chapitre V)*

Ces détails, comme d'autres détails que nous aurons l'occasion de relever au chapitre suivant, viennent du livre de Dellon *Relation de l'Inquisition de Goa,* plusieurs fois réimprimé au début du XVIIIème siècle et utilisé par Voltaire non seulement dans *Candide,* mais encore, une fois de plus, dans l'*Essai sur les mœurs,* et même dans *Scarmentado.* On y lit notamment que l'Inquisition a des officiers, nommés familiers du Saint-Office, « qu'on emploie pour arrêter les personnes accusée », et on y relève un passage où une controverse engagée, non pas sur le problème de la liberté, mais sur celui des effets du baptême, entraîne une dénonciation analogue à celle dont Pangloss et Candide sont victimes : « Nous étions souvent en conversation et celle que j'eus avec le religieux dont je parle fut sur les effets du baptême [...]. Cependant j'avais à peine achevé de parler, que ce bon père se retira sans me rien répondre, comme s'il eût eu quelque affaire pressante, et alla selon les apparences me dénoncer au commissaire du Saint-Office ». La source est ici extrêmement probable, et unique.

En revanche, l'épisode du carnaval de Venise ne s'éclaire que si on se reporte à des événements historiques très divers ; aussi convient-il de le considérer d'assez près.

> Tous les domestiques ayant disparu, les six étrangers, Candide et Martin demeurèrent dans un profond silence. Enfin Candide le rompit : « Messieurs, dit-il, voilà une singulière plaisanterie. Pourquoi êtes-vous

tous rois ? Pour moi, je vous avoue que ni moi ni Martin nous ne le sommes ».

Le maître de Cacambo prit alors gravement la parole, et dit en italien : « Je ne suis point plaisant, je m'appelle Achmet III ; j'ai été grand sultan plusieurs années ; je détrônai mon frère ; mon neveu m'a détrôné ; on a coupé le cou à mes vizirs ; j'achève ma vie dans le vieux sérail ; mon neveu le grand sultan Mahmoud me permet de voyager quelquefois pour ma santé ; et je suis venu passer le carnaval à Venise ».

Un jeune homme qui était auprès d'Achmet parla après lui, et dit : « Je m'appelle Ivan ; j'ai été empereur de toutes les Russies ; j'ai été détrôné au berceau : mon père et ma mère ont été enfermés ; on m'a élevé en prison ; j'ai quelquefois la permission de voyager, accompagné de ceux qui me gardent ; et je suis venu passer le carnaval à Venise ».

Le troisième dit : « Je suis Charles-Edouard, roi d'Angleterre ; mon père m'a cédé ses droits au royaume ; j'ai combattu pour les soutenir ; on a arraché le cœur à huit cents de mes partisans, et on leur en a battu les joues ; j'ai été mis en prison ; je vais à Rome faire une visite au roi mon père, détrôné ainsi que moi et mon grand-père ; et je suis venu passer le carnaval à Venise ».

Le quatrième prit alors la parole et dit : « Je suis roi des Polaques ; le sort de la guerre m'a privé de mes Etats héréditaires ; mon père a éprouvé les mêmes revers ; je me résigne à la Providence comme le sultan Achmet, l'empereur Ivan, et le roi Charles-Edouard, à qui Dieu donne une longue vie ; et je suis venu passer le carnaval à Venise ».

Le cinquième dit : « Je suis aussi roi des Polaques ; j'ai perdu mon royaume deux fois ; mais la Providence m'a donné un autre Etat dans lequel j'ai fait plus de bien que tous les rois des Sarmates ensemble n'en ont jamais pu faire sur les bords de la Vistule. Je me résigne aussi à la Providence ; et je suis venu passer le carnaval à Venise ».

Il restait au sixième monarque à parler : « Messieurs, dit-il, je ne suis pas si grand seigneur que vous ; mais enfin j'ai été roi tout comme un autre ; je suis Théodore ; on m'a élu roi en Corse ; on m'a appelé Votre Majesté, et à présent à peine m'appelle-t-on Monsieur ; j'ai fait frapper de la monnaie, et je ne possède pas un denier ; j'ai eu deux secrétaires d'État, et j'ai à peine un valet ; je me suis vu sur un trône, et j'ai longtemps été à Londres en prison sur la paille ; j'ai bien peur d'être traité de même ici, quoique je sois venu, comme Vos Majestés, passer le carnaval à Venise ».

Les cinq autres rois écoutèrent ce discours avec une noble compassion. Chacun d'eux donna vingt sequins au roi Théodore pour avoir des habits et des chemises ; Candide lui fit présent d'un diamant de deux mille sequins. « Quel est donc, disaient les cinq rois, ce simple particulier qui est en état de donner cent fois autant que chacun de nous, et qui le donne ? »

(Chapitre XVI)

Achmet III est le sultan qui accorda l'hospitalité au roi de Suède après Poltava. Il occupe à ce titre une place importante dans l'*Histoire de Charles XII*. L'*Essai sur les mœurs* précise que l'armée et le peuple le contraignirent à abdiquer, en 1730, au profit de son neveu Mahmoud. On doit observer qu'Achmet III est mort en 1736, alors que le second personnage mentionné dans le texte, Ivan, n'est pas encore né : Voltaire en prend donc à son aise avec la chronologie, quand il réunit à Venise les deux personnages. Mais peu importe : *Candide* ne se donne certes pas comme une œuvre historique. Il est exact du moins que cet Ivan, né en 1740, a été proclamé tsar dans l'année de sa naissance et renversé l'année suivante par Elisabeth. Il sera assassiné en 1764.

Charles-Edouard appartient aux Stuarts et a tenté en 1745 de reconquérir le trône de son père : il fut reconnu par la plus grande partie de l'Ecosse, mais non pas par l'Angleterre, et Louis XV le fit arrêter en 1748 en exécution d'une clause du traité d'Aix-la-Chapelle. Voltaire a évoqué déjà son aventure dans l'*Histoire de la guerre de 1741,* qui sera incorporée au *Précis du Siècle de Louis XV.*

Le quatrième personnage est Auguste III, électeur de Saxe, roi de Pologne. Au début de la Guerre de Sept Ans, les armées de Frédéric avaient envahi la Saxe et Auguste III s'était réfugié en Pologne. Il est exact que son père (Auguste II) avait connu les mêmes revers, car sous son règne l'électorat de Saxe avait été envahi par Charles XII.

Le cinquième personnage, que Voltaire ne nomme pas par délicatesse, est le roi Stanislas Leczinski, son hôte à Lunéville et à Commercy, le beau-père du roi Louis XV. Il avait été placé sur le trône de Pologne par Charles XII, chassé après Poltava et rétabli de 1733 à 1735 avant de se fixer en Lorraine. Il a donc bien perdu son royaume deux fois, mais la Providence l'a épargné, par le truchement de Louis XV, son gendre, qui lui a donné la possibilité d'avoir une cour. Et il est vrai que Stanislas Leczinski fut un prince éclairé, dont Voltaire était en mesure d'apprécier de façon toute personnelle l'action bienfaisante.

Le dernier personnage est le roi de Corse Théodore, dont les aventures remontent à 1736. Voltaire les évoquera dans un chapitre *De la Corse* ajouté en 1769 au *Précis du Siècle de Louis XV*. Théodore, détrôné, fut emprisonné pour dettes à Amsterdam, puis à Londres, comme nous le lisons dans *Candide,* mais il mourut peu de temps après.

On notera enfin le trait final. Candide ayant donné un diamant à Théodore, « Quel est donc, disaient les cinq rois, ce simple particulier qui est en état de donner cent fois autant que chacun de nous, et qui le donne ? ». Cette fois, le héros se confond avec Voltaire lui-même, qui, en 1758, quoique simple particulier, apporta un secours financier à trois Altesses, Charles-Eugène duc de Wurtemberg, Charles-Théodore électeur palatin, et le duc de Saxe-Gotha. Sa correspondance en fait foi. Ainsi s'établit une continuité entre l'histoire et l'actualité. Il ne s'agit plus de sources livresques, mais de l'expérience personnelle de Voltaire, dont nous allons relever systématiquement, dans *Candide,* des échos nombreux et précis.

B - LES ÉLÉMENTS AUTOBIOGRAPHIQUES

Voltaire est tout entier présent dans *Candide,* et certains détails qui pourraient passer inaperçus à une lecture hâtive s'éclairent de toute une signification humaine, si on les rapporte à l'expérience de l'écrivain.

1 - L'actualité.

a) Le désastre de Lisbonne.

Nous avons vu que Voltaire a ressenti comme une catastrophe personnelle la nouvelle du désastre de Lisbonne. Il a réagi au drame avec toute sa sensibilité, si réelle toujours chez lui, même lorsqu'elle se dissimule sous les masques de l'humour et de l'ironie. Certes, en trois ans, le tremblement de terre de Lisbonne était devenu un épisode révolu, sinon oublié, et déjà faisait l'objet de considérations rétrospectives qui n'avaient plus le caractère poignant des premiers témoignages vécus. Mais ces premiers témoignages, Voltaire les avait recherchés et recueillis. Sa correspondance nous apprend notamment qu'il a connu une lettre d'un genevois, commerçant à Lisbonne, M. Beaumont, et qu'il a pu vivre ainsi en imagination, quelques semaines après le séisme, les épreuves de la capitale portugaise : « Le tremblement commença environ à dix heures et demie, et dura une dizaine de minutes [...]. Le feu des cheminées de cuisine mit bientôt le feu à grand nombre de maisons, et presque toutes ont été brûlées ».

C'est à ce moment précis que Voltaire imagine de faire débarquer ses voyageurs : « A peine ont-ils mis le pied dans la ville [...] qu'ils sentent la terre trembler sous leurs pas [...] Des tourbillons de flamme et de cendres couvrent les rues et les places publiques ; les maisons s'écroulent, les toits sont renversés sur les fondements et les fondements se dispersent : trente mille habitants de tout âge et de tout sexe sont écrasés sous les ruines ». Dans la lettre du témoin oculaire et dans le récit du conteur, ce ne sont pas les mêmes mots, mais c'est la même impression de soudaineté dans l'horreur.

Toutefois, Voltaire est demeuré à l'écart de cette catastrophe et ne l'a connue qu'une fois le mal accompli. Il n'en a pas été de même pour certains épisodes rattachés depuis à cette Guerre de Sept Ans à laquelle nous avons vu que l'écrivain, d'une certaine façon, a pris part, dans les coulisses, en qualité de diplomate officieux.

b) L'exécution de l'amiral Byng.

Au Chapitre XXIII de *Candide,* toujours avec cette sorte d'à-propos que le hasard apporte dans les épreuves ménagées aux héros du conte, nous voyons Candide et Martin aborder à Portsmouth au moment précis où, sur la plage, retentit une fusillade en présence d'une foule empressée : « Une multitude de peuple couvrait le rivage, et regardait attentivement un assez gros homme qui était à genoux, les yeux bandés, sur le tillac d'un des vaisseaux de la flotte ; quatre soldats postés vis-à-vis de cet homme lui tirèrent chacun trois balles dans le crâne le plus paisiblement du monde, et toute l'assemblée s'en retourna extrêmement satisfaite ». La suite du récit nous apprend qu'on vient de tuer l'amiral Byng « parce qu'il n'a pas fait tuer assez de monde : il a livré un combat à un amiral français, et on a trouvé qu'il n'était pas assez près de lui ».

Ces détails, présentés avec un détachement qui est souvent la marque de l'humour voltairien, correspondent à une réalité récente, dont Voltaire a recueilli l'écho direct. Tout au début de la Guerre de Sept Ans, la flotte de l'amiral anglais Byng avait été défaite par celle de l'amiral français La Galissonnière dans les eaux de Minorque, et il est exact qu'on reprocha à Byng d'avoir évité le combat de près, comme on peut le lire dans le *Journal encyclopédique* de mars 1757 : « Tout se réduit à ce qu'il a tenu sa division trop éloignée de celle qui était aux mains avec l'ennemi ». Pour ce grief et en vertu d'une ordonnance militaire, qui condamne à mort « tous ceux qui ne font pas leurs efforts pour prendre, brûler et tuer un ennemi », l'amiral Byng fut accusé de trahison et exécuté le 14 mars 1757.

Mais Voltaire n'est pas resté indifférent devant ce procès. Il s'était ému du sort de l'amiral Byng et s'était même procuré un témoignage favorable du maréchal de Richelieu qu'il mit entre les mains du défenseur. Déjà s'était manifestée ainsi chez lui, en l'occurrence, cette pitié humaine qui, plus tard, l'entraînera à se mêler d'autres causes, comme celles de Calas, et à réhabiliter la mémoire d'innocentes victimes du fanatisme. Quel que soit le prétexte, militaire ou religieux, les exécutions froidement décidées par un tribunal révoltent sa conscience ; et c'est déjà l'apôtre du genre humain qui s'est manifesté dans cette affaire Byng. Voltaire, certes, n'avait pas assez de crédit pour arracher la clémence de la cour martiale anglaise, en un temps où l'Angleterre était en guerre avec la France. Du moins avait-il pris une position publique sur cette affaire navrante. Après l'événement, il en garde le souvenir dans *Candide* (chapitre XIX) et son ressentiment se manifeste alors par une boutade ironique : « Mais, dit Candide, l'amiral français était aussi loin de l'amiral anglais que celui-ci l'était de l'autre ? – Cela est incontestable, lui répliqua-t-on. Mais dans ce pays-ci il est bon de tuer de temps en temps un amiral pour encourager les autres ». Voilà bien le rire voltairien, qui est en réalité un rire indigné et vengeur.

2 - Les souvenirs d'Allemagne.

Voltaire, d'ailleurs, est depuis longtemps l'adversaire du militarisme, dont il a pu en plusieurs circonstances de sa vie considérer de près les excès. Notamment, il a été désagréablement impressionné par la discipline prussienne, lors de son séjour à Potsdam. Ici encore sa correspondance nous édifie.

Le voici dans les jardins de Potsdam : « Je me présente en rêvant, je trouve de grands diables de grenadiers qui me mettent des baïonnettes dans le ventre ... et je m'enfuis ». Ce témoignage date de 1751. Sept ans plus tard, il se souvient encore des parades de l'armée prussienne et il écrit à l'un de ses amis : « Souvenez-vous comme ces drôles-là font le pas de côté et le pas redoublé ; comme ils escamotent les cartouches en chargeant, comme ils tirent six à sept coups par minute ». C'est à cette discipline qu'est initié Candide, au chapitre III, après son enrôlement dans l'armée bulgare : « On le fait tourner à droite, à gauche, hausser la baguette, remettre la baguette, coucher en joue, tirer, doubler le pas... » Et si un peu plus loin on lui fait subir le châtiment militaire qui consiste à « passer trente-six fois par les baguettes », c'est-à-dire à recevoir des coups de baguette en passant trente-six fois devant le front du régiment, ce détail cruel est encore un souvenir de Prusse, car il a noté dans des *Mémoires* contemporains de *Candide* qu'il a vu à la Cour de Frédéric « des soldats qu'on faisait passer trente-six fois par les baguettes, sous les fenêtres du monarque qui les regardait ». Mais voici mieux encore : Voltaire raconte qu'il est intervenu en faveur d'un gentilhomme franc-comtois enlevé par des recruteurs prussiens et qui, ayant tenté de s'enfuir, « avait dû passer par les baguettes trente-six fois ». Voilà exactement l'aventure de Candide : on la croirait imaginaire, mais Voltaire n'a rien inventé ; il se contente de dépayser le récit en mettant en scène des recruteurs bulgares, mais cette armée bulgare est l'armée dont il a eu le déplaisir de constater les mœurs brutales lors de son séjour auprès du roi Frédéric de Prusse, qui, au temps où il était prince héritier, s'était proclamé un si ardent ami de la paix et de la civilisation.

3 - Les rancunes personnelles.

D'autres passages de *Candide* nous montrent l'écrivain encore plus directement engagé dans son récit. Voltaire, dans ce roman si fantaisiste et à certains égards si extravagant, n'hésite pas à écrire parfois des noms d'adversaires personnels dont il désire se venger. Du coup, le conte philosophique devient, dans ces endroits, l'œuvre d'un pamphlétaire plein de passion et prend la même virulence qui se manifestera un peu plus tard dans les nombreux libelles composés à Ferney.

Au chapitre XV est nommé un certain « révérend père Croust » qui s'est pris d'une tendre amitié pour le fils du baron Thunder-ten-Tronck et qui l'enrôle dans les rangs des Jésuites. Ce nom n'a rien d'imaginaire. Voltaire, nous l'avons vu, avait été inquiété par les Jésuites, lors du séjour à Colmar qu'il effectua, au retour de Prusse, en 1753, et il devait se plaindre à son ami d'Argental du pouvoir de ces jésuites allemands, « aussi despotiques », écrivait-il, « parmi nos sauvages des bords du Rhin qu'ils le sont au Paraguay ». Or l'un de ces personnages s'appelait justement le Père Antoine Croust (ou Kroust). On constate d'ailleurs que le nom de Croust ne figure ni dans le manuscrit, ni dans les premières éditions, où on lit le nom du révérend Père Didrie, qui n'a pas été retrouvé dans les répertoires de l'Ordre des Jésuites. C'est donc à retardement que l'idée lui est venue de profiter du récit pour égratigner au passage un de ses ennemis.

Un autre nom prête aux mêmes observations : celui de Vanderdentur (chapitre XIX), le négociant hollandais au service duquel se trouve l'esclave noir dont nous avons évoqué précédemment la situation misérable. Cette fois encore, ce nom ne figure pas dans le manuscrit, puisque l'épisode de l'esclave noir a été ajouté in extremis. Or il semble qu'en l'espèce Voltaire, pour désigner ce personnage antipathique, ait contaminé les noms de deux personnages réels, l'un historique, celui de Vanderdussen, un magistrat d'Amsterdam qui, en 1700, avait refusé d'accorder un armistice à Louis XIV, l'autre contemporain, celui de Vanduren, libraire à la Haye, avec lequel Voltaire était personnellement entré autrefois en conflit. « Vanderdentur » pouvait paraître un nom forgé avec bonheur pour évoquer un personnage rapace, un homme dur ; et il est certain que ces quatre syllabes sont bien choisies ; mais pour les associer l'écrivain n'avait eu qu'à interroger son propre souvenir.

Venons-en maintenant au chapitre le plus fertile en allusions directes, puisqu'il se déroule tout entier à Paris et puisqu'il y est question des mœurs littéraires. C'est le chapitre XXII, le plus long de tous. Là encore, Voltaire n'a pas toujours conçu ses attaques dès la première rédaction.

Ainsi lit-on : « Qu'appelez-vous folliculaire, dit Candide. – C'est, dit l'abbé, un faisceau de feuilles, un F[réron] ». Ce nom a été imprimé pour la première fois en entier dans une édition publiée en 1775. Dans toutes les éditions antérieures, le personnage est désigné par une simple initiale, F ... Mais le lecteur averti n'a pas à se tromper et il est frappant d'observer que l'épisode où figure cette attaque a été tout entier ajouté en 1761. C'est à cette date, en effet, que les hostilités entre Voltaire et Fréron avaient été portées à leur paroxysme.

Fréron était le rédacteur d'une feuille intitulée *L'Année littéraire* qui, fondée en 1754, se déchaînait contre les philosophes. Fréron s'était risqué notamment à critiquer les tragédies de Voltaire et Voltaire, en 1760, avait rédigé contre lui la satire intitulée *Le Pauvre Diable*. Après quoi, Fréron avait riposté par de virulents comptes-rendus de *L'Ecossaise* et de *Tancrède*. En outre il avait pris Voltaire à partie à propos de Melle Corneille, la petite nièce du Grand Corneille, que Voltaire faisait élever à Ferney, et il avait insinué qu'elle recevait une singulière éducation auprès d'un tel homme. Voltaire venait de prendre connaissance de cette nouvelle attaque lorsqu'il remania pour l'édition de 1761 le chapitre de son *Candide*. Il profita de la circonstance pour faire rebondir la querelle en désignant clairement son adversaire et en le traitant de *folliculaire*, terme injurieux qui paraît être de son invention.

De même, un peu plus loin, Voltaire mentionne un « roman du sieur Gauchat, docteur en théologie », ainsi que les « *Mélanges* de l'archidiacre T... », d'ailleurs désigné en toutes lettres dans plusieurs éditions sous le nom de Trublet.

Nous voilà encore en présence de deux célèbres ennemis de Voltaire. Gabriel Gauchat est l'auteur de *Lettres critiques, ou analyse et réfutation de divers écrits modernes contre la religion,* œuvre interminable, qui ne compte pas moins de douze volumes et que Voltaire appelle par dérision un « roman ». Quant à l'abbé Trublet, il est le rédacteur du *Journal chrétien.* Voltaire l'avait déjà attaqué, en même temps que Fréron, dans la satire du *Pauvre Diable,* en le traitant surtout de compilateur fatigant :

> L'abbé Trublet alors avait la rage
> D'être à Paris un petit personnage ;
> Au peu d'esprit que le bonhomme avait
> L'esprit d'autrui par supplément servait.
> Il entassait adage sur adage ;
> Il compilait, compilait, compilait ;
> On le voyait sans cesse écrire, écrire
> Ce qu'il avait jadis entendu dire
> Et nous lassait sans jamais se lasser.

L'année même où Voltaire le cite dans *Candide,* en 1761, il s'est déjà diverti à l'appeler archidiacre, dans une pièce en vers adressée à Mme Denis :

> L'archidiacre Trublet prétend que je l'ennuie ;
> La représaille est juste...

ce qui signifie que Trublet l'a beaucoup ennuyé dans sa vie. De même lit-on à son propos dans *Candide* : « Ah ! ... l'ennuyeux mortel ! comme il vous dit curieusement ce que tout le monde sait ! comme il discute pesamment ce qui ne vaut pas la peine d'être remarqué légèrement ! comme il s'approprie, sans esprit, l'esprit des autres ! comme il gâte ce qu'il pille ! comme il me dégoûte ! mais il ne me dégoûtera plus ; c'est assez d'avoir lu quelques pages de l'archidiacre ».

Trublet, à vrai dire, ne paraît pas avoir toujours manqué d'esprit et Voltaire n'a pas toujours été aussi mal disposé à son égard. On possède une lettre célèbre où il s'explique avec Trublet sur leurs malentendus avec bonhomie et franchise et où on relève ce trait devenu fameux : « Pardonnons-nous en bons chrétiens et en bons académiciens ». Mais l'intérêt de *Candide* est ici de nous faire saisir, chez Voltaire, l'humeur du moment, et il est intéressant d'observer qu'une œuvre dotée d'un intérêt aussi permanent et si bien conçue pour franchir les siècles soit nourrie d'allusions aussi nombreuses à la réalité la plus fugitive.

Bien oubliées aussi sont les querelles que suscitèrent, vers 1760, deux pièces de théâtre, *L'Orphelin de la Chine* et *Tancrède.* Nous devons nous en souvenir, pourtant, si nous voulons comprendre les passages du chapitre XXII qui concernent le théâtre et plus particulièrement la tragédie. L'abbé périgourdin vient de mener Candide et Martin à la comédie :

> On y jouait une tragédie nouvelle. Candide se trouva placé auprès de quelques beaux esprits. Cela ne l'empêcha pas de pleurer à des scènes jouées parfaitement. Un des raisonneurs qui étaient à ses côtés lui dit dans un entr'acte : « Vous avez grand tort de pleurer, cette

> actrice est fort mauvaise ; l'acteur qui joue avec elle est plus mauvais acteur encore ; la pièce est encore plus mauvaise que les acteurs ; l'auteur ne sait pas un mot d'arabe, et cependant la scène est en Arabie ; et, de plus, c'est un homme qui ne croit pas aux idées innées ; je vous apporterai demain vingt brochures contre lui. – Monsieur, combien avez-vous de pièces de théâtre en France ? » dit Candide à l'abbé ; lequel répondit : « Cinq ou six mille. – C'est beaucoup, dit Candide ; combien y en a-t-il de bonnes ? – Quinze ou seize, répliqua l'autre. – C'est beaucoup », dit Martin.

Voilà, bien évidemment, un passage à clef. L'homme qui ne croit pas aux idées innées est sans aucun doute Voltaire lui-même, dont on connaît les opinions favorables à la philosophie de Locke, et le nom même de Locke était cité dans le manuscrit. Il est curieux d'ailleurs de noter, pour tout ce passage, combien le texte de Voltaire a évolué. Voici d'abord une première version déchiffrée sous les ratures du manuscrit : « L'auteur ne sait pas un mot de chinois et de plus c'est un homme qui estime Locke et qui ne croit pas aux idées innées ». Version remplacée, dans le manuscrit encore, par celle-ci : « La scène est en Perse et l'auteur ne sait pas un mot de persan ». Ainsi Voltaire a successivement songé à trois de ses tragédies, dont l'une se déroule en Chine, la seconde en Perse, la troisième en pays arabe. Il s'agit de *L'Orphelin de la Chine,* joué au Théâtre Français en 1755 ; puis de *Sémiramis* dont nous avons rappelé l'échec en 1748 ; enfin, peut-être, de *Mahomet,* pièce déjà ancienne il est vrai, dont l'action se déroule à La Mecque : trois pièces dont les représentations n'ont pas été de tout repos pour leur auteur. Et c'est encore à la lumière de son expérience de dramaturge que s'éclaire, un peu plus loin, un passage plus constructif, où Voltaire tente de définir les qualités d'une bonne tragédie.

4 - Le goût littéraire.

Il arrive d'ailleurs à l'auteur de *Candide* de nous livrer des aperçus sur quelques-unes des tendances profondes de son esprit. Il déborde alors le cadre de la polémique pour témoigner d'un goût littéraire dont l'indépendance apparaît particulièrement remarquable. Nous songeons ici à ce curieux chapitre XXV où se trouve mis en scène le signor Pococurante, si blasé à l'égard des œuvres les plus respectées. Or Voltaire n'a pas craint de confier lui-même à son ami Thiériot, dans une lettre du 10 mars 1759, qu'il y avait une analogie entre l'auteur et le personnage de *Candide* : « Moi, j'ai assez l'air de ressembler ici au signor Pococurante ». Et cet aveu nous incite à peser les jugements littéraires qu'il place dans la bouche du noble vénitien en recherchant si d'autres textes de Voltaire ne viendraient pas les confirmer. Mais appuyons-nous sur les déclarations de Pococurante :

> On se mit à table ; et, après un excellent dîner, on entra dans la bibliothèque. Candide, en voyant un

Homère magnifiquement relié, loua l'illustrissime sur son bon goût. « Voilà, dit-il, un livre qui faisait les délices du grand Pangloss, le meilleur philosophe de l'Allemagne. – Il ne fait pas les miennes, dit froidement Pococurante ; on me fit accroire autrefois que j'avais du plaisir en le lisant ; mais cette répétition continuelle de combats qui se ressemblent tous, ces dieux qui agissent toujours pour ne rien faire de décisif, cette Hélène qui est le sujet de la guerre, et qui à peine est une actrice de la pièce ; cette Troie qu'on assiège, et qu'on ne prend point : tout cela me causait le plus mortel ennui. J'ai demandé quelquefois à des savants s'ils s'ennuyaient autant que moi à cette lecture : tous les gens sincères m'ont avoué que le livre leur tombait des mains, mais qu'il fallait toujours l'avoir dans sa bibliothèque, comme un monument de l'Antiquité, et comme ces médailles rouillées qui ne peuvent être de commerce.

– Votre Excellence ne pense pas ainsi de Virgile ? dit Candide. – Je conviens, dit Pococurante, que le second, le quatrième et le sixième livre de son *Enéide* sont excellents ; mais pour son pieux Enée, et le fort Cloanthe, et l'ami Achates, et le petit Ascanius, et l'imbécile roi Latinus, et la bourgeoise Amata, et l'insipide Lavinia, je ne crois pas qu'il y ait rien de si froid et de plus désagréable. J'aime mieux le Tasse et les contes à dormir debout de l'Arioste.

– Oserais-je vous demander, monsieur, dit Candide, si vous n'avez pas un grand plaisir à lire Horace ? – Il y a des maximes, dit Pococurante, dont un homme du monde peut faire son profit, et qui, étant resserrées dans des vers énergiques, se gravent plus aisément dans la mémoire ; mais je me soucie fort peu de son voyage à Brindes, et de sa description d'un mauvais dîner, et de la querelle de crocheteurs entre je ne sais quel Pupilus dont les paroles, dit-il, étaient pleines de pus, et un autre dont les paroles étaient du vinaigre. Je n'ai lu qu'avec un extrême dégoût ses vers grossiers contre des vieilles et contre des sorcières, et je ne vois pas quel mérite il peut y avoir à dire à son ami Mecenas que, s'il est mis par lui au rang des poètes lyriques, il frappera les astres de son front sublime. Les sots admirent tout dans un auteur estimé. Je ne lis que pour moi ; je n'aime que ce qui est à mon usage ». Candide, qui avait été élevé à ne jamais juger de rien par lui-même, était fort étonné de ce qu'il entendait ; et Martin trouvait la façon de penser de Pococurante assez raisonnable.

« Oh ! voici un Cicéron, dit Candide ; pour ce grand homme-là, je pense que vous ne vous lassez point de le lire ? – Je ne le lis jamais, répondit le Vénitien. Que m'importe qu'il ait plaidé pour Rabirius ou pour Cluentius ? J'ai bien assez des procès que je juge ; je me serais mieux accommodé de ses œuvres philosophiques ; mais quand j'ai vu qu'il doutait de tout, j'ai conclu que j'en savais autant que lui, et que je n'avais besoin de personne pour être ignorant ».

La sévérité à l'égard d'Homère peut nous surprendre aujourd'hui ; mais c'est celle de Voltaire lui-même, comme on s'en avise si l'on consulte l'*Essai sur la Poésie épique* : « *L'Iliade* est pleine de dieux et de combats peu vraisemblables... On lit Homère avec une sorte de devoir ». L'analogie est plus nette encore en ce qui concerne Virgile, ainsi jugé dans l'*Essai sur la Poésie épique* : « Le premier, le second, le quatrième et le sixième livres sont effectivement la plus belle partie de *L'Enéide*... Le fort Cloanthe et le fidèle Achates sont des personnages insipides... Le projet du mariage d'Enée avec une Lavinia qu'il n'a jamais vue ne saurait nous intéresser ».

Nous pourrions prolonger cette confrontation et citer d'autres textes de l'*Essai sur la Poésie épique* de Voltaire, grâce auxquels nous vérifierions que le seigneur Pococurante. est bien l'interprète du goût voltarien. Mieux vaut ouvrir une parenthèse et souligner une analogie curieuse entre les jugements du noble vénitien et celui du héros de Huysmans, dans *A rebours* : des Esseintes, lui-même profondément blasé et plein de hargne à l'égard du classicisme gréco-latin. Il est permis de se demander si des Esseintes ne s'est pas souvenu de Pococurante. Ces deux grands seigneurs incarnent l'un et l'autre l'ennui de vivre. Leur dégoût des chefs-d'œuvre consacrés est un aspect de leur neurasthénie. Mais des Esseintes trouve au contraire un plaisir exquis à feuilleter des écrivains décadents de la littérature latine et de la littérature française : il se fait ainsi le champion d'une esthétique en opposition violente avec les valeurs traditionnelles du goût français. L'attitude de Voltaire est profondément différente. Elle est celle d'un écrivain formé à l'école du XVIIème siècle, qui voit dans l'art racinien un miracle d'équilibre, de justesse, d'harmonie, et qui demeure, au moins dans ce domaine, l'apologiste résolu du siècle de Louis XIV. Nous devons donc voir dans ces pages de *Candide* un nouveau témoignage de ce goût un peu étroit, mais extrêmement réfléchi et cohérent, qui est la marque propre de son œuvre critique.

5 - La culture du jardin.

C'est encore la personnalité de Voltaire qui s'affirme dans les derniers chapitres et dans le célèbre « Il faut cultiver notre jardin », dont nous rechercherons la portée exacte. Contentons-nous de noter pour le moment que la retraite de la petite société dans la Propontide, à la fin des aventures du héros, n'est nullement, dans l'esprit de l'écrivain, un choix arbitraire. Il lui arrive en effet, dans ses lettres de 1757, de comparer la vue du lac Léman à celle de Constantinople ; ou de comparer l'horizon des Délices à celui du Bosphore. De tels témoignages, relevés par M. Pomeau dans la Correspondance de Voltaire, sont bien significatifs et contribuent à éclairer *Candide.* Ils prouvent en effet que Voltaire vit avec ses héros, qu'il les accompagne en imagination et qu'il s'identifie en quelque manière à eux. Mais il convient d'approfondir de telles constatations.

IV - LA SAGESSE DE « CANDIDE »

Pour étudier la sagesse de *Candide,* nous n'élaborerons pas de cadres abstraits, mais nous nous appuierons sur un texte particulièrement représentatif de la pensée voltairienne et dont nous dégagerons les leçons en le suivant dans le détail, ou du moins paragraphe par paragraphe, selon la méthode que nous avons adoptée pour *Micromégas* et que nous ne pouvions naturellement utiliser avec continuité pour une œuvre beaucoup plus longue. Nous extrayons ce texte du dernier chapitre, que Voltaire a lui-même intitulé « Conclusion » : nous verrons qu'en effet tout le conte s'y trouve en quelque manière résumé et commenté par l'écrivain lui-même. Candide et sa suite sont au terme de leurs aventures et se sont installés près du rivage de la Propontide, dans une petite métairie dont ils ont décidé de s'accommoder. Mais leurs expériences ont été si mouvementées et demeurent si présentes dans leur esprit qu'ils y puisent sans cesse les éléments d'une réflexion philosophique. Ils décident d'aller consulter un religieux musulman, un derviche, afin d'être fixés sur la signification de l'existence. Le récit de cet entretien fournira les premières bases de notre commentaire.

> Il y avait dans le voisinage un derviche très fameux qui passait pour le meilleur philosophe de la Turquie ; ils allèrent le consulter. Pangloss porta la parole, et lui dit : « Maître, nous venons vous prier de nous dire pourquoi un aussi étrange animal que l'homme a été formé. – De quoi te mêles-tu ? lui dit le derviche ; est-ce là ton affaire ? – Mais, mon révérend père, dit Candide, il y a horriblement de mal sur la terre. – Qu'importe, dit le derviche, qu'il y ait du mal ou du bien ? Quand Sa Hautesse envoie un vaisseau en Egypte, s'embarrasse-t-elle si les souris qui sont dans le vaisseau sont à leur aise ou non ? – Que faut-il donc faire ? dit Pangloss. – Te taire, dit le derviche. – Je me flattais, dit Pangloss, de raisonner un peu avec vous des effets et des causes, du meilleur des mondes possibles, de l'origine du mal, de la nature de l'âme, et de l'harmonie préétablie ». Le derviche, à ces mots, leur ferma la porte au nez.

Pangloss étant toujours le grand raisonneur de la troupe, il est normal que lui revienne le soin d'engager l'entretien, de « porter la parole ». La forme de sa question est révélatrice : « Maître, nous venons vous prier de nous dire pourquoi un aussi étrange animal que l'homme a été formé ». Pangloss a été lui-même le témoin de tant de bizarreries, et la victime de tant de mécomptes, que son optimisme s'est nuancé d'étonnement. Voltaire a même indiqué un peu plus haut qu'après avoir éprouvé de si cruelles souffrances le disciple de Leibniz ne professe plus désormais que par simple habitude et par une sorte d'entêtement les principes d'une philosophie si constamment démentie par les faits : « Ayant soutenu une fois que tout allait à merveille, il le soutenait toujours et n'en croyait rien ». D'ores et déjà, Pangloss est confondu.

Voltaire est trop fin, cependant, pour lui faire reconnaître sa défaite ; il pense qu'un métaphysicien est incapable de se rendre jamais à l'évidence des faits positifs. Du moins Pangloss est-il troublé et embarrassé ; c'est ce trouble, cet embarras que révèle la nature de la demande adressée au derviche.

La réponse du derviche est une contre-attaque ou plutôt un refus d'engager un dialogue inutile. Si prudente qu'ait été la question de Pangloss, un mot au moins répugne à la sagesse orientale de ce nouveau personnage, et c'est le mot « pourquoi ». Cette attitude est décidément celle de Voltaire, qui a abandonné depuis longtemps, comme une chimère, son ambition d'écrire un *Traité de Métaphysique*. Vis-à-vis de l'Inconnaissable, il a pris le parti, non seulement de suspendre son jugement, de douter, mais de se récuser et d'assurer du moins la tranquillité de son esprit, tout en prenant le seul parti qui lui semble conciliable avec la modestie d'un vrai philosophe. S'il a une conviction bien ancrée en lui, c'est celle de la relativité universelle, qui s'exprimait déjà dans *Micromégas*. Le comble de la déraison lui paraît de prétendre s'installer, pour juger de la disposition de toutes choses, en un centre qui n'existe pas. Poser des question métaphysiques, c'est se montrer indiscret, à l'égard d'un destin qui ne nous fait pas de signes et qui, une fois pour toutes, ne nous a pas jugés dignes de l'interroger.

Il y a moins d'absurdité dans l'attitude de Candide, qui, lui, ne pose pas de question, mais qui constate un fait indéniable, et qui a bien assez souffert pour être en droit d'affirmer qu' « il y a horriblement de mal sur la terre ». Voltaire en est bien arrivé à penser lui-même ainsi, et tel est peut-être aussi le sentiment du derviche. Celui-ci se dérobe certes sur ce point, mais il manifeste moins de rudesse, et daigne recourir à une comparaison, sinon à un raisonnement en forme, pour donner à entendre qu'il n'appartient pas à l'homme, en tout cas, de se prononcer sur ce terrible problème du mal, dont les données d'ensemble lui font défaut. Cette comparaison n'est pas inédite. Dès 1736, Voltaire écrivait à Frédéric de Prusse : « Les souris qui habitent quelques petits trous d'un bâtiment immense ne savent ni si ce bâtiment est éternel, ni quel en est l'architecte, ni pourquoi cet architecte a bâti... *Nous sommes les souris...* » Il s'agissait alors d'affirmer ce que Voltaire n'a jamais cessé de croire et ce qui est d'ailleurs implicite dans notre passage, à savoir que les premiers principes des choses nous sont inaccessibles. Ici, toutefois, la pensée est un peu différente et plus proche de celle que Thiériot exprimait à Voltaire, presque avec les mêmes mots, le 9 novembre 1757, à propos des affaires de l'Allemagne : « Je crois que nous ne sommes pas mieux instruits que des souris dans un vaisseau de l'intention de ceux qui le conduisent ». Il semble que Voltaire reprenne à son compte la phrase de son ami Thiériot, en y ajoutant un peu de couleur locale turque (Sa Hautesse désignant évidemment le sultan) et en plaçant le débat sur un plan un peu différent, puisqu'il s'agit moins du problème de la connaissance que de celui de la condition humaine et de son inconfort.

Mais ici apparaît la nécessité de comprendre la nuance exacte de l'attitude voltairienne. Car enfin, si nous prenons à la lettre la remarque du derviche, nous pouvons nous demander si elle ne rejoint pas, d'une certaine façon, la philosophie providentialiste. Le derviche, porte-parole de Voltaire, professe que des souris embarquées dans un équipage ne comptent pas, au regard du chef suprême de l'expédition. Cela ne revient-il pas à dire que des souris, ou des hommes, auraient tort de se plaindre de leur situation particulière, puisque le dessein d'ensemble les dépasse ? Et n'est-ce pas en somme une leçon analogue à celle de l'ange Jesrad, qui est un ange leibnizien ?

En réalité, le tort de Leibniz, aux yeux de Voltaire, n'est pas d'admettre la Providence, mais de prétendre la justifier en toute occasion et dans le détail avec un dogmatisme présomptueux, d'utiliser pour prouver que tout est bien des arguments sophistiqués et de vouloir rendre compte du moindre détail par l'application mécanique d'un principe a priori. Ce que Voltaire condamne, c'est, d'abord, l'apriorisme qui, d'avance, se flatte de réduire à sa norme toutes les expériences possibles, alors que la bonne méthode consiste à partir de l'expérience pour tenter d'en dégager des leçons. C'est encore, et surtout, la ratiocination permanente, le bavardage intempérant qui prend prétexte d'une réalité pour s'exercer dans le vide. Croire qu'il existe une Providence n'est pas déraisonnable, si l'on s'en tient à une affirmation générale ; reconnaître dans tout événement la main de la Providence et disserter pour rendre compte du mécanisme de cette intervention est un signe de vanité, non de sagesse. Le défaut le plus grave de Pangloss est de parler toujours, et cela est si vrai que Voltaire a résumé ce défaut dans le nom qu'il lui a donné : car Pangloss, c'est sans doute *πᾶν* et *γλῶττα* (tout langue) ; Pangloss est celui qui prétend ordonner selon la logique des mots l'illogisme des événements et qui s'égare jusqu'à la sottise dans une prétention aussi arbitraire. Quelle est donc la leçon que reçoit ce maître bavard ? Celle de « se taire ». « *Te taire,* dit le derviche » : il y a dans ces deux mots le résumé des griefs de Voltaire à l'égard de tous les systèmes ; tous les systèmes sont négligeables, parce qu'ils se réduisent à des mots ; toute discussion philosophique est vaine, parce qu'elle est logomachie. Mais en même temps, se taire est un principe positif de sagesse, que Voltaire a formulé explicitement pour son compte, dans une lettre à Elie Bertrand du 27 décembre 1757, donc presque contemporaine de la rédaction de *Candide* : « Que faut-il donc faire ? Rien ; se taire, vivre en paix et manger son pain à l'ombre de son figuier, laisser aller le monde comme il va ». Dans le manuscrit, le derviche, avec d'autres mots, énonçait un peu le même programme : « Que faut-il donc faire ? » demandait, non Pangloss, mais Candide ; et le derviche livrait par anticipation la leçon suprême du conte, car il répondait : « Cultiver la terre, boire, dormir, manger et te taire ». Voltaire préfère réserver pour la fin l'expression de cet aspect positif de la sagesse, il a jugé meilleur de marquer plus fortement la défaite de Pangloss, et le « te taire », dans ce nouveau contexte, apparaît peut-être moins comme la règle d'un art de vivre que comme la leçon méritée par un bavard. Mais le bavard insiste et tombe dans le défaut ordinaire aux bavards, qui est de se payer de mots, de citer inlassablement des formules adoptées une fois pour toutes, bref de donner dans le psittacisme : Pangloss reprend à tout propos les notions leibniziennes de « meilleur des mondes », d' « harmonie préétablie ». Le derviche qui ferme la porte au nez de Pangloss, c'est Voltaire qui ferme ses yeux et ses oreilles au dogmatisme des métaphysiciens, pour définir, sans phrases et seulement par une organisation opportune de sa vie, une sagesse pratique, à la mesure de l'homme.

> Pendant cette conversation, la nouvelle s'était répandue qu'on venait d'étrangler à Constantinople deux vizirs du banc et le muphti, et qu'on avait empalé plusieurs de leurs amis. Cette catastrophe faisait partout un grand bruit pendant quelques heures. Pangloss, Candide et Martin, en retournant à la petite métairie, rencontrèrent un bon vieillard qui prenait le frais à sa porte sous un berceau d'orangers. Pangloss, qui était aussi curieux que raisonneur, lui demanda comment se nommait le muphti qu'on venait d'étrangler. « Je n'en sais rien, répondit le bonhomme ; et je n'ai jamais su le nom d'aucun muphti ni d'aucun vizir. J'ignore absolument l'aventure dont vous me parlez ; je présume qu'en général ceux qui se mêlent des affaires publiques périssent quelquefois misérablement, et qu'ils le méritent ; mais je ne m'informe jamais de ce qu'on fait à Constantinople ; je me contente d'y envoyer vendre les fruits du jardin que je cultive ». Ayant dit ces mots, il fit entrer les étrangers dans sa maison ; ses deux filles et ses deux fils leur présentèrent plusieurs sortes de sorbets qu'ils faisaient eux-mêmes, du kaîmak piqué d'écorces de cédrat confit, des oranges, des citrons, des limons, des ananas, des pistaches, du café de Moka qui n'était point mêlé avec le mauvais café de Batavia et des îles. Après quoi les deux filles de ce bon musulman parfumèrent les barbes de Candide, de Pangloss et de Martin.
>
> « Vous devez avoir, dit Candide au Turc, une vaste et magnifique terre ? – Je n'ai que vingt arpents, répondit le Turc ; je les cultive avec mes enfants ; le

travail éloigne de nous trois grands maux, l'ennui, le vice et le besoin ».

L'historien Voltaire se souvient, au début de ce passage, des disgrâces ou même des exécutions dont furent si souvent victimes de hauts dignitaires turcs : des faits analogues sont rapportés, notamment, dans l'*Histoire de Charles XII.* Peu importe ici, et M. Pomeau a raison de noter que le conteur fait aussi une allusion indirecte aux disgrâces des ministres français sous Louis XV. C'est un thème que l'ancien courtisan aborde volontiers, et par exemple, au temps de *Candide*, le 27 décembre 1758, dans une lettre à Mme du Deffand, après le départ du ministre Bernis : « J'entends parler quelquefois des révolutions de la Cour, et de tant de ministres qui passent en revue rapidement, comme dans une lanterne magique ». Voltaire est frappé de la fréquence de ces changements qui, devenus monnaie courante, ne sont pas de nature à fixer longtemps l'opinion, alors qu'ils sont si désagréables et si lourds de conséquence pour leurs victimes. « Cette catastrophe », à savoir l'exécution de deux vizirs « du banc » (admis au conseil du sultan), « faisait partout un grand bruit pendant quelques heures » ; on lit dans le manuscrit : « faisait partout un grand bruit parce que c'était l'histoire du jour », et cette rédaction manifestait de façon plus explicite le désir de lancer en passant un trait satirique à l'égard des mœurs gouvernementales.

Pourtant, ce n'est pas ici l'essentiel. Le propos du conteur n'est pas de s'arrêter aux problèmes de la vie politique, mais plutôt de les exclure comme des obstacles à la véritable tranquillité. Voltaire n'a pas toujours pensé ainsi, ou bien il n'a pas toujours mis d'accord ses actes avec ses paroles. Il ne saurait se flatter, comme le « bon vieillard » de son récit, de n'avoir « jamais su le nom d'aucun muphti ni d'aucun vizir ». Beaucoup d'ennuis lui sont venus de s'être trop approché du pouvoir. Il en est désormais pleinement conscient. Aussi le voyons-nous s'écrier, en 1757, à la nouvelle d'une crise politique où son ami d'Argenson avait perdu son portefeuille ministériel : « Beatus ille qui procul negotiis... » C'est l'exclamation fameuse d'Horace : « Heureux celui qui, loin des affaires... » Dans ce nouveau paragraphe, Voltaire, après avoir une bonne fois exorcisé toute inquiétude métaphysique, dénonce une autre forme d'inquiétude ou d'insécurité, liée, celle-là, à l'exercice d'une activité publique et, par là même, dangereuse, la société étant pleine de pièges pour celui qui accepte de s'y aventurer. Le derviche enseignait une hygiène de l'esprit qui consiste à ne pas se laisser obséder par des problèmes inutiles et irritants. Le bon vieillard, lui, enseigne par l'exemple une discipline d'existence qui consiste à ne pas se laisser accaparer par des servitudes également inutiles, également irritantes et, en outre, dangereuses. Cette discipline d'existence est assurée par une retraite rustique. Il ne s'agit pas cependant pour Voltaire, comme pour

Rousseau ou pour La Fontaine, de considérer cette vie rustique comme une invitation à la rêverie ou à la poésie. Vivre « sans soins », disait La Fontaine dans *Le Songe d'un habitant du Mogol* ; et cela signifiait pour lui « sans souci », mais aussi sans obligation, et si possible sans travail. Telle n'est pas la sagesse de Voltaire, qui voit au contraire dans l'activité, dans le travail, un secours qui permet de mieux vivre. Tel est l'aspect positif de l'enseignement du bon vieillard, qui ne s' « informe jamais de ce qu'on fait à Constantinople », mais qui y envoie « vendre les fruits » de son jardin.

Nous n'avons pas à nous attarder, dans notre commentaire orienté vers la définition d'un art de vivre, sur les détails pittoresques introduits par l'écrivain décrivant la collation offerte aux visiteurs, sur la note exotique apportée par un mot comme « kaïmak » (qui désigne une sorte de crème de lait) ou d'autres à peine moins insolites comme « cédrat » ou « limons », ni sur l'observation plaisante relative à la supériorité du café de Moka sur le café des îles. Il importe peu de rappeler ici que Voltaire était grand connaisseur en cafés. Mieux vaut noter en passant qu'il s'efforce, avec un art très lucide, d'égayer son propos afin de ne pas le faire tourner au sermon. La précaution est nécessaire, car l'idée que Voltaire veut introduire, celle des vertus du travail, pourrait, si on avait la faiblesse de l'énoncer trop longuement, entraîner à des développements d'une banalité pesante. Voltaire se contente d'une formule frappée comme une médaille : « Le travail éloigne de nous trois grands maux, l'ennui, le vice et le besoin », formule admirable par sa densité, mais aussi par sa clarté et sur laquelle il y aurait quelque lourdeur à épiloguer.

> Candide, en retournant dans sa métairie, fit de profondes réflexions sur le discours du Turc. Il dit à Pangloss et à Martin : « Ce bon vieillard me paraît s'être fait un sort bien préférable à celui des six rois avec qui nous avons eu l'honneur de souper. – Les grandeurs, dit Pangloss, sont fort dangereuses, selon le rapport de tous les philosophes : car enfin Eglon, roi des Moabites, fut assassiné par Aod ; Absalon fut pendu par les cheveux et percé de trois dards ; le roi Nadab, fils de Jéroboam, fut tué par Baza ; le roi Ela, par Zambri ; Ochosias, par Jéhu ; Athalia, par Joïada ; les rois Joachim, Jéchonias, Sédécias, furent esclaves. Vous savez comment périrent Crésus, Astyage, Darius, Denys de Syracuse, Pyrrhus, Persée, Annibal, Jugurtha, Arioviste, César, Pompée, Néron, Othon, Vitellius, Domitien, Richard II d'Angleterre, Edouard II, Henri VI, Richard III, Marie Stuart, Charles Ier, les trois Henri de France, l'empereur Henri IV ? Vous savez... Je sais aussi, dit Candide, qu'il faut cultiver notre jardin. – Vous avez raison, dit Pangloss ; car quand l'homme fut mis dans le jardin d'Eden, il y fut mis ut operaretur eum, pour qu'il travaillât : ce qui prouve que l'homme n'est pas né pour le repos. – Travaillons sans raisonner, dit Martin ; c'est le seul moyen de rendre la vie supportable ».

Ce nouveau paragraphe donne l'occasion à chacun des trois personnages en quête de sagesse, Candide, Pangloss et Martin, de méditer chacun selon son caractère sur l'exemple donné par le vieux Turc. Candide, qui n'est pas, de tempérament, un vrai philosophe, mais qui a avant tout le jugement droit, comme Voltaire l'a noté dès les premières lignes du conte, réagit à sa manière habituelle, qui consiste à enregistrer sans généralisation présomptueuse ce que vient de lui apporter l'expérience. « Ce bon vieillard me paraît s'être fait un sort bien préférable à celui des six rois avec qui nous avons eu l'honneur de souper ». Il n'en dit pas davantage, car il ignore l'art si vain de disserter, ce qui ne l'empêche pas, comme on va le voir, de tirer des faits les leçons les plus fécondes. A cette sobriété s'oppose, une fois de plus, l'incontinence verbale de Pangloss, qui vraiment, dans ce passage, nous apparaît moins comme le champion de l'optimisme que comme le type du discoureur, toujours empressé à saisir la moindre occasion de parler pour ne rien dire. Ce Pangloss est d'ailleurs fort érudit, et Voltaire nous a donné d'autres occasions de nous en apercevoir. Son recensement des crimes rapportés dans l'Ancien Testament est d'une science certaine, qui est d'ailleurs celle de Voltaire lui-même, futur commentateur de la Bible, et qui est souvent puisée, comme l'a établi André Morize, dans les ouvrages du bénédictin Dom Calmet. Peu nous importe ici : ce qui compte, c'est l'opposition entre cet étalage pédant et la simplicité apparemment naïve de la réponse de Candide : « Je sais aussi qu'il faut cultiver notre jardin », réponse qui prouve qu'il a pleinement assimilé, lui, la leçon du vieux Turc. Voltaire oppose ici deux formes d'esprit, l'une qui est celle des philosophes de profession et qui consiste à discourir sur toutes choses, l'autre qui est la sienne et qui consiste, sans d'ailleurs négliger les données de l'histoire ou de la science, à orienter toute réflexion dans le sens de l'efficacité pratique. *Candide* définit donc une attitude intellectuelle, aussi bien qu'un art de vivre, les deux notions étant d'ailleurs étroitement liées, puisque l'attention à l'expérience acquise permet de s'organiser de manière à mieux vivre. Se souvenir du passé pour tirer un meilleur parti du présent est autrement plus utile que de s'attacher à des justifications théoriques de principes incertains, comme fait Pangloss, qui devient proprement leibnizien en prétendant légitimer le travail par les nécessités du plan divin et par la finalité universelle. Candide et Pangloss sont donc ici les deux antagonistes, quoiqu'ils paraissent d'accord, en fin de compte, sur la règle de vie à adopter ; leur opposition est celle d'un apriorisme purement formel qui s'abandonne aux ivresses gratuites du raisonnement et d'un empirisme qui se borne à tirer de l'observation du réel des conclusions limitées, mais concrètes et pratiques. Il y a là deux formes d'esprit inconciliables et qui sont de tous les temps.

Quant à Martin, il est bien, lui aussi, un anti-Pangloss et même, en un sens, l'anti-Pangloss par excellence, puisqu'il oppose à la Providence leibnizienne un principe manichéen, seul capable à son avis d'expliquer métaphysiquement l'évidence du Mal. Martin, en un sens, est philosophe, comme Pangloss, et même, métaphysicien. Mais son manichéisme s'exprime toujours avec sobriété, au rebours de l'optimisme de Pangloss, et d'ailleurs n'est peut-être pas l'essentiel de sa pensée. Car Martin est avant tout l'homme qui a vécu, et la clef de son attitude est probablement là. Lui-même l'a dit à la fin du chapitre XXIV : « Vous êtes bien dur, dit Candide. – C'est que j'ai vécu, dit Martin ». Martin est un esprit juste que les événements ont rendu amer, sinon aigri. En cela, il ressemble à Voltaire, et plus encore que Candide lui-même. Sa formule : « Travaillons sans raisonner ; c'est le seul moyen de rendre la vie supportable » résume assez fidèlement la pensée de Voltaire lui-même après les plus vives déceptions de son existence. Il suffit pour s'en assurer de relever quelques indications de sa correspondance, d'abord ce passage d'une lettre de 1751 : « Plus j'avance dans la carrière de la vie et plus je trouve le travail nécessaire. Il devient à la longue le plus grand des plaisirs, et tient lieu de toutes les illusions qu'on a perdues » ; puis cette phrase de 1754 : « J'ai toujours regardé le travail comme la plus grande consolation pour les malheurs inséparables de la condition humaine ». Ce pessimisme de fait ajoute une justification au mode de vie adopté par le vieux Turc. Le travail éloigne l'ennui, le vice et le besoin, mais en outre, si l'on veille à se préserver contre toute réflexion importune, il apporte cette diversion ou, pour prendre le mot dans son sens pascalien, ce divertissement qui assure à l'esprit, malgré le malheur de la vie, une relative sérénité. Telle est la pensée de Martin. Telle est bien aussi celle de Voltaire.

> Toute la petite société entra dans ce louable dessein ; chacun se mit à exercer ses talents. La petite terre rapporta beaucoup. Cunégonde était, à la vérité, bien laide ; mais elle devint une excellente pâtissière ; Paquette broda ; la vieille eut soin du linge. Il n'y eut pas jusqu'à frère Giroflée qui ne rendît service ; il fut un très bon menuisier, et même devint honnête homme ; et Pangloss disait quelquefois à Candide : « Tous les événements sont enchaînés dans le meilleur des mondes possibles : car enfin si vous n'aviez pas été chassé d'un beau château à grands coups de pied dans le derrière pour l'amour de mademoiselle Cunégonde, si vous n'aviez pas été mis à l'Inquisition, si vous n'aviez pas couru l'Amérique à pied, si vous n'aviez pas donné un bon coup d'épée au baron, si vous n'aviez pas perdu tous vos moutons du bon pays d'Eldorado, vous ne mangeriez pas ici des cédrats confits et des pistaches. – Cela est bien dit, répondit Candide, mais il faut cultiver notre jardin ».

Le début de ce dernier paragraphe est une illustration de la maxime sur la fécondité du travail. « La petite terre rapporta beaucoup » : Voltaire, devenu propriétaire terrien, s'émerveille volontiers des ressources de l'agriculture. Il est facile, pourvu qu'on possède un coin de terre, d'éloigner de soi le besoin. Mais le travail éloigne aussi le vice en permettant à chacun de donner le meilleur de soi-même. Chaque être trouve ici sa vocation. Il était désespérant de constater que

Cunégonde, si passionnément désirée, était devenue si laide, si acariâtre aussi, et que Candide l'épousait à contre-cœur : voilà qu'elle se rachète, dans une certaine mesure, en fabriquant des gâteaux. Paquette, l'ancienne chambrière de la baronne Thunder-ten-Tronck, était devenue une fille galante de bas étage, mais ne gagnait rien dans ce métier et c'est, à tous égards, le salut pour elle que de pouvoir broder. Enfin le frère Giroflée, ce mauvais sujet qui avait donné à Voltaire l'occasion d'exhaler sous une forme plaisante et caricaturale sa rancœur à l'égard des moines, devient menuisier (on lit dans le manuscrit : tapissier, mais l'écrivain a préféré lui donner une activité plus immédiatement utile à la vie rustique) ; « et même honnête homme », ce dernier trait soulignant qu'en l'espèce les bienfaits du travail ont un caractère miraculeux. Ainsi les membres de la société qui pouvaient donner le moins d'espoir arrivent à se tirer d'affaire, à mener une vie saine et satisfaisante, sinon exaltante.

Il convenait pourtant à la logique du conte de faire une exception à l'égard de Pangloss, qui, lui, refuse de désarmer et qui improvise avec son aisance ordinaire de nouvelles justifications de la Providence en un raccourci pittoresque du conte tout entier. Toutes les aventures de Candide se trouvent résumées en effet avec une brièveté pleine de relief ; l'épisode westphalien du chapitre premier, l'épisode de l'Inquisition du chapitre IV, celui du voyage en Amérique et en particulier au Paraguay (chapitre XIV), le duel avec le frère de Cunégonde devenu jésuite (chapitre XV), le séjour dans l'Eldorado et ses suites (chapitres XVII, XVIII et suivants). On observera que Pangloss met l'accent, dans son obstination, sur les plus désagréables des aventures, et le manuscrit permet à ce propos une observation, car Voltaire avait écrit : « Si vous n'aviez pas emporté quelques diamants du bon pays d'Eldorado » et remplacé cette proposition par une autre d'un contenu tout différent : « Si vous n'aviez pas perdu tous vos moutons au pays d'Eldorado ». L'optimisme de Pangloss est d'autant plus absurde en effet qu'il prétend s'appuyer, pour triompher, sur les expériences les plus catastrophiques, celles qui auraient dû l'inciter à réviser son système ; mais c'est une vérité d'expérience que le dogmatisme interprète dans le sens de la thèse soutenue les éléments les plus propres à l'infirmer. Ce dernier raisonnement de Pangloss est peut-être le plus ridicule de tous, puisqu'il établit une relation directe de cause à effet entre le Mal et le Bien, comme s'il fallait remercier les inquisiteurs portugais pour la sécurité enfin trouvée en Turquie, comme s'il y avait un enchaînement nécessaire dans une succession d'aventures qui est en réalité parfaitement fortuite, ou du moins dont la logique interne échappe à tout homme de bonne foi. L'adversaire ne serait plus l'Adversaire, s'il se laissait convaincre : il fallait le montrer incorrigible, parce que la sottise est éternelle et parce qu'elle doit, à ce titre, être combattue éternellement.

Reste le mot de la fin, la proposition célèbre : « il faut cultiver notre jardin », qui, dans le langage toujours simple de Candide, prend une sorte de solennité en étant amenée comme une conclusion, et qui se charge d'une richesse indéfinie de sens. C'est la seconde fois que le héros la prononce, mais elle n'a pas la même résonance que plus haut. Les deux fois, pourtant, il s'agissait pour Candide de couper court au bavardage de Pangloss par une invitation directe à imiter l'exemple du vieux Turc. Notons d'ailleurs qu'elle peut être interprétée à la lettre : « Notre jardin », c'est d'abord le jardin attenant à la métairie, et Candide juge qu'il est opportun d'aller s'en occuper. Il arrive de même à Voltaire de songer à sa propre terre et à la nécessité de la travailler. La correspondance contemporaine de *Candide* est riche en indications de ce genre : « Que faire à tout cela ? Cultiver son champ ou sa vigne » ; ou : « Je plante en paix des jardins » ; ou encore : « Tout ce que nous avons de mieux à faire sur la terre, c'est de la cultiver ». Il y a dans de tels propos la marque d'une grande lassitude à l'égard des activités antérieures qui lui ont jadis donné tant de tourment. Ce jardin de *Candide* évoque bien, tout d'abord, le plaisir qu'éprouve l'auteur du conte dans son existence de propriétaire terrien, la sécurité que représente à ses yeux la vie rustique, loin des cours et des villes, comme écrivait La Fontaine.

Il est évident, toutefois, que cette dernière phrase de *Candide* recèle aussi une signification plus générale et de portée symbolique. Cette signification a été si souvent aperçue que la proposition a été déformée et qu'on la cite souvent avec une variante : « Il faut cultiver son jardin ». Variante légère, certes, mais qui en modifie le sens premier, car le précepte signifie, dès lors, que chacun de nous a un jardin à cultiver, c'est-à-dire, plus largement, une activité bien déterminée à exercer et que la justification de la vie consiste à accomplir cette tâche quotidienne. Une telle interprétation n'est pas expressément autorisée par le texte, mais elle est bien dans la ligne de la pensée voltairienne, et il n'y a donc pas lieu de l'interdire.

Il est possible enfin d'admettre que cette activité n'a pas seulement la valeur négative d'une diversion et qu'elle ne se limite pas nécessairement non plus à accomplir les efforts utiles pour s'assurer le pain quotidien. S'il y a des moments où Voltaire définit un bonheur égoïste, qui s'identifie à la retraite et qui paraît impliquer une sorte de misanthropie, il y en a d'autres où, au contraire, s'affirme chez lui une foi robuste, en dépit des épreuves, dans l'avenir de l'humanité par le progrès des lumières en même temps que par le progrès social. Voltaire alors se découvre une vocation bienfaisante et humanitaire ; il devient un guide et un apôtre. Cette générosité ne s'exprime pas de manière explicite dans le dernier chapitre de *Candide,* et c'est seulement à condition d'oublier le contexte que ce jardin à cultiver peut devenir dans notre esprit le patrimoine commun que chaque homme doit s'employer à faire fructifier pour le bien de tous. La sagesse de *Candide* n'est donc pas toute la sagesse de Voltaire, mais elle en contient le germe, par la vertu de ces quelques mots qui peuvent s'adresser à tous les hommes : « Il faut cultiver notre jardin ».

Mais s'il est permis d'évoquer à partir de *Candide* le dernier visage de Voltaire, qui sera celui du patriarche de Ferney, il convient, pour conclure, de revenir strictement aux cadres du récit, afin d'en bien fixer la leçon. Cette leçon peut se résumer en quelques points : l'aspiration au bonheur est légitime chez l'homme, mais se heurte aux manifestations d'un destin dont les intentions nous sont inintelligibles ; la pire des erreurs est de prétendre arbitrairement donner un sens à ce qui ne saurait en avoir à notre échelle, et le plus optimiste des systèmes est impuissant à fournir la plus légère des consolations ; l'exercice de la réflexion métaphysique est donc vain et ne saurait avoir pour effet que d'entretenir en nous une inquiétude malsaine et sans issue ; il faut veiller au contraire à expulser de nous cette inquiétude comme un fantôme importun, en évitant de nous poser des questions inutiles et douloureuses, en nous réfugiant dans un silence salutaire.

Ce silence en face d'un destin lui-même muet pourrait faire songer un instant à l'attitude de Vigny, opposant « le dédain à l'absence ». En réalité, il en diffère fondamentalement. La sagesse de Voltaire s'oppose de façon rigoureuse à ce que sera la pensée romantique. Elle refuse d'avance toute valeur à ces notions de révolte ou de désespoir qui viendront à la mode au début du siècle suivant et qui sont cultivées encore par tant de nos contemporains. Le silence de Vigny est un silence révolté, celui de Voltaire est un silence résigné. Encore cette résignation se limite-t-elle aux domaines qui échappent au contrôle de l'homme. Mais il appartient à l'homme, une fois réduit à son véritable horizon, d'exploiter de son mieux les chances qui lui sont offertes et de construire sa vie.

Dans ces limites même, il importe de ne pas commettre d'erreur et de ne pas croire, par exemple, que la richesse soit le secret du bonheur. Certes Voltaire n'a pas dédaigné les biens matériels. Il a connu et savouré l'agrément du confort et même du luxe. Il sait d'autre part que la misère est en elle-même un mal. L'éminente dignité des pauvres est une notion étrangère à sa pensée. Il accorde au vieillard turc vingt arpents de terre (après lui en avoir donné dix dans le manuscrit) et la possession de ces vingt arpents est bien nécessaire pour que son activité ait une raison d'être. Mais Voltaire a bien montré dans l'épisode de Pococurante à quel tragique intérieur peut être conduit un homme trop favorisé par la fortune. Pococurante a été désigné à Candide comme un homme qui n'a jamais eu de chagrin et Martin n'en a rien cru : l'événement a donné raison à Martin, puisque Pococurante plonge dans un abîme d'ennui. L'épisode de l'Eldorado contient une leçon du même ordre, puisque Candide, au sein de la vie la plus facile, n'est tout de même pas heureux et souhaite de s'en aller parce qu'il n'a pas avec lui Cunégonde, ce qui prouve que l'esprit humain, livré à sa pente naturelle, se laisse toujours entraîner à désirer ce qu'il n'a pas, quitte à s'en faire une fausse idée.

C'est pourquoi le travail apparaît en définitive comme le seul remède efficace aux malheurs de la condition humaine, en occupant l'esprit, en l'arrachant à ses fantômes, à ses nuées, à ses chimères, et en lui apportant, au fil des jours, des satisfactions modestes sans doute, mais réelles, et qui entretiennent le goût de vivre.

Telle est la sagesse de *Candide*. Elle est, au sens propre, un humanisme, puisqu'elle offre à l'homme le moyen de donner, par ses seules ressources, un sens et une valeur à son existence. Toute la réflexion du XVIIIème siècle y est présente, sous son double aspect négateur et constructif. Et l'on admire que l'art du conteur ait su enfermer tant de substance en un volume si mince. Ainsi se justifie le mot de lord Chesterfield, en réponse à son fils qui lui demandait s'il fallait acheter l'*Encyclopédie*, cet autre bilan de la pensée d'un siècle : « Vous l'achèterez, mon fils, et vous vous assiérez dessus pour lire *Candide* ».

V - L'ART DE « CANDIDE »

Pour achever l'étude de *Candide*, il paraît opportun de s'arrêter sur les aspects de ce conte qui en font, indépendamment de toute idéologie, une réussite esthétique esceptionnelle, même dans l'œuvre de Voltaire. S'il est facile en effet de réunir un florilège voltairien en parcourant l'ensemble de ses ouvrages littéraires et de ses lettres, il est vrai aussi que *Candide* offre l'exemple unique d'une perfection continue. *Candide* est le plus long des *Contes* de Voltaire, sans que jamais en aucun endroit on ait à noter une défaillance, une chute de tension ; un tel résultat doit être tenu pour un miracle de l'art.

A - CONDUITE GÉNÉRALE DU RÉCIT.

Candide est, en un sens, une gageure, puisque Voltaire parvient à retenir notre intérêt au mépris de toute consistance psychologique et de toute vraisemblance dramatique.

On répète volontiers, non sans raison, que les personnages de Voltaire sont des silhouettes, des fantoches ou des marionnettes. Ainsi l'a voulu l'écrivain. Son propos n'a jamais été, au moins dans ses contes, et pas même dans *Candide*, de nous présenter des caractères qui se tiennent. Il fait surgir, à point nommé, des comparses qui, aussitôt leur rôle joué, rentrent dans l'ombre. Ni le baron Tunder-ten-Thronck, ni la baronne, ni le jeune baron, ni la vieille, ni Cunégonde n'ont de vie véritable : ce sont des ombres qui défilent sur une toile mouvante. Et nous ne croyons pas qu'il faille s'appliquer à définir une personnalité véritable chez Pangloss, ni même chez Candide.

Peu importe que Pangloss soit érudit ou éloquent ; son érudition, son éloquence n'interviennent que pour mettre en valeur sa caractéristique essentielle, qui est d'être une machine à ratiociner, privée de toute réaction vraiment humaine. Puiser dans les malheurs les plus atroces les preuves les plus éclatantes en faveur de l'optimisme, c'est montrer qu'on n'est pas un homme, mais une sorte de robot désincarné. L'esprit de Pangloss fonctionne au commandement, comme un appareil automatique actionné par un bouton et qui, à chaque pression, proférerait une formule, toujours la même : « Tout est bien ». Voltaire a voulu fixer en Pangloss l'aboutissement extrême du parti-pris métaphysicien qui fait perdre le contact avec la réalité ; à la limite, nous nous trouvons en présence, non d'un personnage, mais d'un monstre, ou d'une entité.

Le cas de Candide est différent. Le propre de ce héros, au début du récit tout au moins, est de n'avoir pas de personnalité, de n'être rien qu'une cire vierge, modelable au hasard des événements. Son horizon se réduisant à celui du château et ses connaissances aux leçons de Pangloss, il est jeté dans le monde sans bagages et sans protection autre que celle d'un bon sens inné. Mais ce bon sens ne peut s'exercer sans l'aliment de l'expérience. Il faut donc que Candide subisse des aventures de toute sorte pour que, peu à peu, et non sans incertitudes ni retours en arrière, se définisse en lui une philosophie qui lui soit propre. Cette philosophie, il est en état de la formuler tout à la fin du récit. Le voilà ainsi devenu quelqu'un, à savoir un esprit libre, définitivement débarrassé de tout préjugé et capable de tirer le meilleur profit des jours qui lui sont ménagés. Mais jusqu'au dernier chapitre son rôle a été de subir la loi d'événements qui le dépassaient et d'être une illustration vivante de l'ironie du destin.

Ce destin se manifeste sous la forme d'une succession d'épisodes parfaitement décousus, que le conteur ne s'est jamais donné la peine de préparer ni, à plus forte raison, de justifier. Au rebours de ce qui se déroule dans un roman réaliste, tout décor stable est absent ; si un lieu quelconque est évoqué, c'est pour être à jamais oublié dès le chapitre suivant. D'un bout à l'autre du récit triomphe l'inattendu et, presque toujours, l'incroyable. Au départ, il y a le coup de pied du baron qui chasse Candide du château westphalien ; après quoi, le hasard impose sa loi, un hasard qui ne se prive d'ailleurs pas de créer les coïncidences les plus surprenantes. Candide a perdu Cunégonde, il la retrouve, il la perd de nouveau, il la retrouve encore, sans que jamais sa volonté soit pour quelque chose dans l'événement ; et c'est au moment où on s'y attend le moins, au moment où il est le plus invraisemblable que Cunégonde soit là, à plusieurs centaines de lieues de l'endroit où on l'a laissée, que, tout à coup, au chapitre VII par exemple, le héros a la stupéfaction de la reconnaître. Le conteur peut bien s'amuser ensuite à expliquer comment elle se trouve à

Lisbonne, quand on l'a laissée en Westphalie : l'explication est d'une désinvolture qui ne saurait entraîner la moindre créance. Des remarques analogues s'imposent pour certaines péripéties trop opportunes. Il est bien extraordinaire que les héros arrivent toujours infailliblement à un endroit donné au moment où va se dérouler un événement sensationnel : sur la côte portugaise quelques minutes avant le tremblement de terre ou sur la côte anglaise quelques minutes avant l'exécution de l'amiral Byng. C'est le caprice de l'écrivain qui l'a voulu ainsi, un caprice qui ne cherche pas à se faire prendre au sérieux. Nous sommes conviés à entrer dans le jeu en renonçant à exercer notre esprit critique, en acceptant d'avance toutes les facilités que s'est données le meneur de jeu.

On a écrit parfois qu'en procédant ainsi Voltaire parodiait le romanesque à la mode ; il est certain que les romanciers du temps évoluent souvent dans un univers de pure convention et utilisent des procédés traditionnels d'affubulation, comme l'enlèvement, ou la reconnaissance, qui peuvent paraître puérils à des esprits évolués. Mais l'absurdité cultivée dans *Candide* a une signification beaucoup plus profonde que celle d'une parodie. Voltaire veut donner à penser qu'au niveau de l'homme au moins l'existence est absurde et qu'il est vain de vouloir la justifier. De ce point de vue, son attitude est extrêmement moderne. L'erreur de Pangloss est de prétendre introduire artificiellement une causalité dans une succession d'événements dont la logique échappe aux investigations de l'esprit humain ; l'expérience des choses a appris d'abord à Candide, puis à Martin, qu'en réalité, à l'échelle humaine, tout est désordre : en ce sens l'histoire de Candide ressemble à la vie, qui, sans cesse, ménage des surprises, bouleverse les prévisions et renverse les combinaisons que l'esprit a laborieusement échafaudées ; l'imprévu est la loi du monde, la sagesse est d'en prendre conscience, et par suite, de s'attendre à tout. L'invraisemblance du récit, par une sorte de paradoxe, recouvre ainsi une vérité ; elle ne signifie nullement que le conteur soit maladroit, ni négligent, mais, tout au contraire, qu'il est suprêmement attentif à illustrer son idée maîtresse, qui est de montrer l'homme sans cesse dérouté et dépassé par des événements dont la raison lui échappe. Selon la formule de M. Pomeau : « De la poésie de l'imprévu se dégage une philosophie de l'absurde ».

Voltaire, quant à lui, sait bien où il veut conduire son lecteur : dans ce jardin des bords de la Propontide qui sera, pour toute la colonie, une invitation à la sagesse. Pour en arriver là, le héros est passé de Westphalie en Hollande, puis au Portugal, en Argentine, au Paraguay, en Eldorado, à Paris, en Angleterre, à Venise, et chaque fois sans que le conteur daigne justifier le choix de chaque nouvelle étape. Mais si le hasard semble le grand maître, quand nous considérons les aventures des personnages, c'est au contraire le soin le plus strict qui, malgré les apparences, commande le déroulement de l'histoire. Tout est prévu pour que les expériences les plus diverses se succèdent, celle de la guerre, celle de l'Inquisition et tant d'autres ; et pour que, de cette diversité même, se dégage une vision aussi large que possible des fatalités attachées à la condition humaine.

Mais un problème technique se posait à l'écrivain. Il s'agissait en effet pour lui d'amener le lecteur à ses propres fins sans que le lecteur y résiste, de lui faire admettre les inventions apparemment les plus folles, de le tenir en haleine sans lui laisser jamais le temps de se reprendre, de se ressaisir et de quitter le jeu. Car il faudrait avoir conservé la fraîcheur de l'enfance pour consentir à être dupe et Voltaire n'écrit pas pour des enfants. Comment agiter des marionnettes devant des adultes sans provoquer leurs haussements d'épaules ? Comment les intéresser à ce qu'il leur serait impossible de croire ?

L'essentiel de l'art voltairien nous paraît tenir dans la création d'un rythme ininterrompu qui s'impose à nous, qui nous anime à notre tour et qui nous fait oublier tout le reste. Que la vigilance du conteur faiblisse un moment et le charme est rompu. Il faut donc que chaque chapitre, chaque paragraphe, chaque phrase concoure à relancer le mouvement et à nous y associer. Ce résultat est obtenu d'abord grâce à une cadence narrative qui élimine tous les temps morts et qui, en quelque sorte, ne laisse le loisir de respirer ni aux personnages ni à ceux qui les regardent vivre. Nous avons le sentiment d'évoluer dans un monde où tout va toujours très vite et d'où est bannie la notion même du repos. Pour créer cette impression, il fallait, d'un autre point de vue, les décrire avec une rapidité diligente qui jamais ne se laisse freiner par les nécessités d'une description ou d'une analyse psychologique. Et pour mener ce train, il fallait encore cette suite de phrases courtes et limpides qui jamais ne nous laisse buter sur rien.

Mais cette vivacité trépidante a besoin sans cesse d'aliments nouveaux, que fournit l'imagination du conteur. Il ne suffit pas que le train assuré soit rapide ; il faut que nous ayons envie de le suivre et, pour cela, que notre esprit soit perpétuellement flatté ou stimulé ; il faut aussi que notre course ne soit pas monotone et qu'elle nous essouffle sans nous lasser. C'est pourquoi, sans ralentir jamais la cadence, Voltaire y introduit de la diversité en faisant alterner les parties narratives et les parties dialoguées ; ou encore en rehaussant ses phrases tantôt par un détail pittoresque à l'emporte-pièce, tantôt par une formule vigoureuse, tantôt par des jeux plus subtils, qui sont ceux de l'humour et de l'ironie. Mais nous touchons là à une matière si complexe et si continuellement renouvelée qu'il est impossible de s'en tenir à des indications générales. Seule une analyse concrète qui suit le texte pas à pas permet de saisir sur le vif, dans leur variété, les recettes de l'art voltairien et de comprendre comment une expression apparemment dépouillée, détendue et sans artifice parvient à exercer sur l'esprit une emprise aussi forte que celle qu'un poète cherche à obtenir par les jeux du langage les plus savants et les plus insolites. Il importe donc d'illustrer par l'explication détaillée d'un fragment le miracle permanent de la prose voltairienne dans *Candide.*

B - EXPLICATION DÉTAILLÉE D'UN FRAGMENT

Nous choisirons, presque au hasard, le début du chapitre VI et nous ferons, au fil du texte, toutes les remarques qui s'imposent, sans même laisser de côté les commentaires d'ordre historique ou érudit, mais sans jamais oublier qu'il s'agit de subordonner toutes nos remarques à une étude systématique de l'art voltairien.

Le chapitre V s'est achevé sur un dialogue entre Pangloss et un « familier » de l'Inquisition au Portugal. Pangloss, au cours de ce dialogue, s'est lancé dans des arguties sur la notion métaphysique de liberté qui, certes, paraissent bien absurdes à Voltaire, mais aussi bien inoffensives ; en voilà assez, cependant, pour s'attirer les foudres du tribunal, qui, aussitôt alerté, va sévir non seulement contre le philosophe imprudent, mais contre Candide, son disciple. Ce châtiment sera décrit au chapitre VI.

> Après le tremblement de terre qui avait détruit les trois quarts de Lisbonne, les sages du pays n'avaient pas trouvé un moyen plus efficace pour prévenir une ruine totale que de donner au peuple un bel auto-da-fé ; il était décidé par l'Université de Coïmbre

que le spectacle de quelques personnes brûlées à petit feu, en grande cérémonie, est un secret infaillible pour empêcher la terre de trembler.

On avait en conséquence saisi un Biscayen convaincu d'avoir épousé sa commère, et deux Portugais qui en mangeant un poulet en avaient arraché le lard ; on vint lier après le dîner le docteur Pangloss et son disciple Candide, l'un pour avoir parlé et l'autre pour avoir écouté avec un air d'approbation : tous deux furent menés séparément dans des appartements d'une extrême fraîcheur, dans lesquels on n'était jamais incommodé du soleil ; huit jours après ils furent tous deux revêtus d'un san-benito, et on orna leurs têtes de mitres de papier : la mitre et le san-benito de Candide étaient peints de flammes renversées, et de diables qui n'avaient ni queues ni griffes ; mais les diables de Pangloss portaient griffes et queues, et les flammes étaient droites. Ils marchèrent en procession ainsi vêtus, et entendirent un sermon très pathétique, suivi d'une belle musique en faux-bourdon. Candide fut fessé en cadence, pendant qu'on chantait ; le Biscayen et les deux hommes qui n'avaient point voulu manger de lard furent brûlés, et Pangloss fut pendu, quoique ce ne soit pas la coutume. Le même jour, la terre trembla de nouveau avec un fracas épouvantable.

Cet épisode s'appuie, sans rigueur il est vrai, sur des circonstances historiques. Voltaire mentionne dans le *Précis du Siècle de Louis XV* un autodafé consécutif au tremblement de terre, en date du 20 juin 1756, et il le commente de la manière suivante : « Les Portugais crurent obtenir la clémence de Dieu en faisant brûler les Juifs et d'autres hommes dans ce qu'ils appellent un autodafé, *acte de foi,* que les autres nations regardent comme un acte de barbarie ». Cette phrase est comme un résumé du chapitre de *Candide* ; mais le ton n'est pas le même dans le conte, où l'écrivain recourt, dès le premier paragraphe, aux procédés conjugués de l'ironie et de l'humour.

L'ironie consiste à feindre d'entrer dans le jeu de l'adversaire. Ainsi procède Voltaire lorsqu'il juxtapose le rappel du tremblement de terre et celui de l'autodafé en présentant l'autodafé comme une mesure logique destinée à prévenir un nouveau séisme. Il prête cette mesure aux *sages* du pays et précise qu'ils l'adoptent comme un *moyen* efficace d'éviter le pire. Ainsi suggère-t-il au lecteur le contraire de ce qu'il exprime, à savoir que la prétention d'établir un lien de causalité entre le déroulement d'une cérémonie religieuse, fût-elle expiatoire, et le cours d'une secousse sismique est d'une bouffonnerie en opposition manifeste avec l'idée que nous pouvons nous faire de la sagesse. L'ironie s'accentue dans la seconde partie de la phrase, par le rapprochement tranquille entre le verbe *décider* et la proposition absurde où se trouve énoncée la matière de la décision, comme s'il appartenait au jugement des hommes de modifier par un décret l'ordre de la nature. Les sages de ce pays sont en réalité des fous, et des fous malfaisants ; les théologiens de Coïmbre donnent l'exemple de la présomption la plus extravagante en se croyant le pouvoir d'infléchir la marche d'événements parfaitement indépendants de toute volonté humaine. Tout le paragraphe est construit de manière à faire ressortir la funeste sottise de ces inquisiteurs : au début et à la fin, la mention du phénomène naturel ; dans l'intervalle, et sous deux formes différentes, l'énoncé de la dérisoire initiative prise dans l'absurde intention d'en contrôler la marche ; savante disposition en chiasme, qui donne à l'opposition tout son relief.

Pour accuser ce relief, l'humour est associé à l'ironie. L'humour consiste, d'une manière générale, en une sorte de décalage entre une expression et l'objet auquel elle prétend correspondre, décalage qui manifeste une réaction personnelle et un jugement implicite de l'ecrivain. Il y a de l'humour à évoquer *un bel autodafé,* car on ne devrait pas songer à évoquer la beauté d'un brasier bien alimenté, lorsque l'aliment en est fourni par de la chair humaine. Il y a de l'humour encore, et un humour plus corrosif, à juxtaposer au terme consacré d'autodafé (qui signifie bien acte de foi) une définition d'un tout autre style, *quelques personnes brûlées à petit feu,* qui crée un contraste brutal et qui met l'esprit en face de la réalité révoltante masquée sous les dehors solennels d'une manifestation rituelle. Ce contraste est souligné encore par le rapprochement de l'expression familière et presque comique dans sa familiarité *brûlés à petit feu* avec les mots *en grande cérémonie* qui évoquent les pompes de la liturgie catholique. De cet agencement subtil se dégage une impression complexe : on devine sur les lèvres du conteur un sourire crispé, ambigu, tout proche, en réalité, de l'indignation ; mais Voltaire sait de science certaine que, pour éveiller dans les esprits la notion du scandale, la légèreté apparente du ton, appliquée à des matières graves ou cruelles, est souvent préférable à la véhémence.

Le récit continue sur le même ton détaché. De la décision si gratuite des théologiens de Coïmbre découle, comme une *conséquence logique*, l'arrestation de quelques personnes parfaitement innocentes au regard de la conscience humaine, sinon à celui du fanatisme. Il était déjà question dans *Scarmentado* de « chrétiens qui avaient épousé leur commère » et un détail semblable reviendra au chapitre V de *L'Ingénu* où on lit qu'il n'est pas permis d'épouser sa marraine, ce qui était bien effectivement la loi au temps de Voltaire, comme l'*Encyclopédie* le précise à l'article *Empêchement*. Un tel interdit scandalise Voltaire, puisque l'indication revient trois fois au moins dans son œuvre ; elle se nuance, dans notre passage, d'une légère touche de couleur locale, puisque le coupable est désigné comme un *Biscayen* (ou habitant de la province de Biscaye). Quant aux Portugais qui, en mangeant un poulet, en avaient arraché le lard, ils se sont rendus ainsi coupables d'appliquer un rite judaïque. Une *Histoire critique de l'Inquisition*, publiée sous la Restauration par Llorente, précise effectivement que, selon les règlements édictés par les inquisiteurs, il fallait dénoncer un Juif « s'il retire de la chair des animaux dont il se nourrit le suif ou la graisse ». Voltaire s'est déjà inspiré d'un détail de ce genre dans une lettre à Mme Denis de 1752 où il se plaint d'avoir été victime, dans ses affaires financières, de certaines « gens de l'Ancien Testament qui auraient fait scrupule de manger d'un poulet bardé ». Ici, son point de vue est tout à fait différent : car si Voltaire juge absurde le rituel judaïque, il juge scandaleux que quelqu'un puisse être inquiété pour l'avoir pratiqué. Les deux exemples qu'il a choisis, tout en donnant au texte une certaine saveur concrète, concourent donc à souligner l'infamie de la tyrannie inquisitoriale ; mais toujours sans appuyer et comme sans avoir l'air de rien ; le lecteur sourit des chefs d'accusation qui sont énoncés avant de voir que ces griefs entraîneront la mort de trois malheureux. Nous demeurons dans la perspective de l'humour noir, qui est celle du chapitre tout entier.

Nous en arrivons au cas de Pangloss et de Candide, qui sont non seulement arrêtés, mais liés, *l'un pour avoir parlé, et l'autre pour avoir écouté avec un air d'approbation.* En énonçant ces nouveaux griefs, Voltaire laisse deviner ce qu'il ne saurait exprimer de façon plus explicite sans rompre l'unité de ton, à savoir qu'il juge honteux de poursuivre quelqu'un pour délit d'opinion, même s'il s'agit, comme pour Pangloss, d'une opinion absurde. A l'égard de Candide, la rigueur paraît plus déconcertante encore, puisqu'il a gardé le silence et puisqu'on ne peut lui reprocher que d'avoir écouté avec un air d'approbation. Voltaire se borne à noter le fait, qui se passe de commentaires : la discrétion est l'une des qualités maîtresses de son art, il fait confiance à l'intelligence et au bon sens du lecteur pour se livrer à des réflexions salutaires à partir de telle indication donnée en passant d'une main légère.

De nouveau, le texte va nous fournir un exemple bien typique d'humour en formulant une réalité avec des mots qui, à la lettre, ne la faussent pas, et qui, cependant, en dénaturent le caractère : *tous deux furent menés séparément dans des appartements d'une extrême fraîcheur, dans lesquels on n'était jamais incommodé du soleil.* Voilà une plaisante périphrase pour désigner, tout simplement, des cachots. A nous d'imaginer la tristesse du sort de Candide et de Pangloss réduits à passer *huit jours* dans de tels lieux en attendant d'être livrés à leurs tourmenteurs. L'humour tient ici à la disconvenance entre le ton adopté, comme s'il s'agissait pour les deux héros d'une bonne fortune, et l'aventure effective, suggérée avec autant de clarté que de discrétion. Voltaire avait usé du même procédé pour décrire une situation semblable dans *Scarmentado,* où il est question d' « un cachot très frais, meublé d'un lit de natte et d'un beau crucifix » ; mais la phrase de *Candide* est beaucoup plus plaisante, parce qu'elle est mieux aiguisée ; le mot assez pompeux d'*appartements* pour désigner une cellule vraisemblablement sordide, l'indication qu'on n'est, dans ces lieux, jamais incommodé du soleil, pour donner à entendre qu'aucune ouverture n'y est ménagée, concourent à créer l'effet plaisant.

Nous voici arrivés au jour de l'autodafé, sans que l'écrivain ait cru bon de décrire les affres des deux prisonniers : bel exemple de cette manière rapide que nous avons définie. « *Candide et Pangloss furent revêtus d'un san-benito ; on orna leurs têtes de mitres de papier : la mitre et le san-benito de Candide étaient peints de flammes phosphorées et de diables qui n'avaient ni queues ni griffes ; mais les diables de Pangloss portaient griffes et queues, et les flammes étaient droites* ». Le récit devient extrêmement pittoresque et stimule notre imagination, même si tous les détails n'en paraissent pas clairs. On le goûte mieux, cependant, si l'on se représente à quelles données s'est référé l'écrivain. Il a été possible à André Morize de découvrir le livre où Voltaire a puisé ; il s'agit de l'ouvrage de Dellon : *Relation de l'Inquisition de Goa.* On y relève le passage suivant, qu'il convient de considérer dans son ensemble : « L'on apporte des paquets d'habits en forme de scapulaires, que l'on appelle *sanbenito* [...] Ceux qui sont tenus pour convaincus portent une autre espèce de scapulaire, appelé *samarra,* où le portrait du patient est représenté au naturel, devant et derrière, posé sur des tisons embrasés, avec des flammes qui s'élèvent, et des Démons tout à l'entour [...] mais ceux qui s'accusent et ne sont pas relaps portent sur leurs samarras des flammes renversées [...] Ensuite je vis paraître des bonnets de carton, élevés en pointe à la façon d'un pain de sucre, tout couverts de diables et de flammes de feu. »

Il importe peu que Voltaire, en démarquant ce passage confonde *sanbenito* et *samarra.* Il est plus intéressant d'observer que la description des bonnets « élevés en pointe à la façon d'un pain de sucre » éveille impérieusement dans son esprit le terme précis de *mitres.* Mais on doit noter surtout que du texte de Dellon lui est venue l'idée de distinguer les ornements des deux tenues revêtues par Candide et Pangloss, inégalement coupables, comme on l'a vu : à Candide, il donne la robe de l'accusé qui a fait pénitence et à Pangloss, celle du relaps. La source est ici absolument certaine, surtout si l'on s'avise que l'ouvrage de Dellon est illustré et si l'on en examine les planches reproduites dans l'édition Nizet de M. Pomeau. L'une de ces planches montre un « homme condamné au feu, mais qui l'a évité par sa confession », et l'on voit que cet homme porte une samarra à flammes renversées ; l'autre représente un « homme qui va être brûlé par arrêt de l'Inquisition » et celui-là porte des diables avec des flammes droites. Ces planches ont dû frapper tout particulièrement l'imagination de Voltaire ; et sans doute aussi celles que l'on trouve un peu plus loin dans le même ouvrage de Dellon : l'une représente une très pittoresque procession où des moines nu-tête et tonsurés précèdent une longue colonne de personnages mitrés et flanqués chacun d'un gardien, l'autre représente des fidèles réunis dans une église pendant un sermon. Voilà bien l'origine des nouveaux détails de notre texte de *Candide : Ils marchèrent en procession ainsi vêtus et entendirent un sermon très pathétique.*

Nous avons ainsi un bon exemple de la façon dont fonctionne à l'occasion l'esprit de Voltaire.

Ici, ce n'est pas seulement un texte qui l'a stimulé ; ce sont des images. Ces images, il les a transcrites avec des mots. L'effet obtenu est saisissant. Ces diables sans queues et avec queues, sans griffes et avec griffes, ont de quoi faire sourire ; ils signifient pourtant que, des deux personnages, l'un sera fessé, ce qui n'est pas encore trop tragique, et l'autre *pendu,* ce qui est beaucoup plus fâcheux. Il y a dans tout ce passage un mélange de solennité et de burlesque qui lui donne une saveur particulière. Le sommet du burlesque est atteint avec le détail de Candide *fessé en cadence pendant qu'on chantait* ; et c'est lorsque le lecteur commence à sourire de la façon la plus détendue que lui sont assénées coup sur coup les précisions crüelles : trois hommes brûlés, Pangloss pendu. Ce n'était pas la coutume, ajoute Voltaire comme en passant et avec une feinte négligence. Il y a encore un certain humour dans cette constatation sur l'usage, associée à l'indication cruelle d'une mise à mort ; mais aussi une intention à long terme, puisque nous apprendrons vers la fin du récit, au chapitre XXVIII, que Pangloss a été mal pendu parce que l'exécuteur des hautes œuvres, s'il brûlait les gens à merveille, n'était pas accoutumé à pendre.

Nous voici ainsi parvenus, sur le ton du récit le plus plaisant, rehaussé d'un pittoresque de bon aloi, au comble de l'horreur. C'est le moment que choisit Voltaire, aussitôt après avoir annoncé la mort de quatre hommes, pour faire tomber, sans transition, une phrase qui, à elle seule, modifie la perspective en accablant sous le ridicule ces inquisiteurs criminels : « *Le même jour, la terre trembla de nouveau avec un fracas épouvantable* ». Il est bien vrai qu'au Portugal, en 1755, la terre a tremblé à plusieurs reprises et que les prières édictées par le clergé ont été impuissantes à prévenir le retour du fléau. Il est faux, naturellement, que le nouveau séisme ait été consécutif à un autodafé. Voltaire invente donc une telle coïncidence pour mieux assurer son effet. Ainsi tous les procédés lui sont bons pour donner au texte le maximum de densité, sans jamais en compromettre la vivacité alerte. Ce passage nous a permis d'en noter un bon nombre ; mais l'art de l'écrivain est si complexe et si subtil qu'aucune analyse ne saurait en démonter entièrement le mécanisme ni en pénétrer le secret.

L'INGÉNU

L'INGÉNU

I - DE « CANDIDE » À « L'INGÉNU »

On peut trouver insuffisamment positive la sagesse résignée de *Candide.* Malgré la richesse de sens que l'exégèse peut donner au fameux « Il faut cultiver notre jardin », on ne voit guère se dessiner, dans ce conte, un programme d'action à la hauteur des problèmes posés par le philosophe. Si le monde est fou et méchant au point de se déchirer dans des luttes perpétuelles, si le fanatisme accumule les crimes, est-ce une raison pour s'isoler dans les murs d'une propriété rurale, pour vivre replié sur soi, pour s'interdire toute intervention dans les affaires humaines ?

Voltaire, il est vrai, n'a jamais dit expressément qu'il faille faire ainsi retraite et renoncer à la lutte. Tout au plus peut-on penser que l'installation aux Délices, puis à Ferney marque un répit dans l'accomplissement de la tâche philosophique. Voltaire prend plaisir à jouer au « propriétaire éclairé », à faire valoir sa terre, à stimuler en même temps la vie économique du bourg et du pays de Gex : ce jeu ne cessera de l'occuper dans les dernières années de sa vie. Bien vite, cependant, son « jardin » de Ferney lui paraît trop restreint pour l'occuper tout entier ; ses liens avec le monde entier se multiplient, grâce à une correspondance quotidienne plus étendue que jamais ; des raisons de plus en plus nombreuses se présentent pour l'arracher à sa quiétude rurale, pour l'inciter à intervenir, par la plume, dans les grands débats du siècle et à s'affirmer comme le champion d'une cause qui est celle de l'humanité. *Candide* était un bilan assez amer, où figurent bien des espérances déçues ; mais la vitalité de Voltaire demeure trop grande pour que, même à 65 ans, une crise morale puisse être le signal d'une démission ; l'année 1760 marque au contraire le début de la période la plus active peut-être de sa vie, au cours de laquelle va se consacrer de la façon la moins discutable son autorité de chef dans la bataille philosophique.

Il importe de bien montrer cette orientation nouvelle de sa vie, afin de rendre plus sensible la différence de climat entre *Candide* et *L'Ingénu.* Huit ans, en effet, séparent les deux contes ; et au cours de ces huit ans, l'attitude de Voltaire n'a cessé de se durcir à l'égard de ses adversaires : désormais, chacune de ses œuvres prend la signification d'un pamphlet. Il en est ainsi de *L'Ingénu,* ouvrage beaucoup plus « engagé » que Candide, malgré certaines apparences ; et nous allons voir comment Voltaire a pu passer d'un récit philosophique de portée générale à un récit d'une virulence plus aiguë, qu'expliquent certaines circonstances d'actualité.

Autour de 1760 s'engage en effet la bataille philosophique proprement dite : le signal en a été donné, peut-être, l'année précédente, par l'arrêt du Parlement de Paris, qui a condamné à la fois l'*Encyclopédie,* le livre d'Helvétius *De l'Esprit* et le poème plus ancien de Voltaire *Sur la Loi naturelle.* Cet événement a de part et d'autre avivé les passions. Des libelles de plus en plus violents fusent contre les encyclopédistes ; c'est le temps où se déchaînent dans le monde littéraire les ennemis des idéologies nouvelles : Lefranc de Pompignan à l'Académie, Fréron dans *L'Année littéraire,* Palissot au théâtre avec sa comédie *Les Philosophes.* Voltaire, Diderot, d'Alembert, ripostent naturellement et la lutte est arrivée dès lors à sa phase la plus active.

Presque au même moment, cependant, le même Parlement de Paris qui est intervenu contre les philosophes agit dans un tout autre sens en s'attaquant à ses vieux ennemis les Jésuites (on sait qu'il régnait dans ce corps des tendances gallicanes et, dans une certaine mesure, jansénistes). L'action contre les Jésuites est consécutive aux imprudences commises par le Père La Valette qui, à la Martinique, a entraîné en 1761 dans sa débâcle financière une banque marseillaise dont il était le débiteur. A cette occasion, les haines accumulées contre l'Ordre cristallisèrent en un véritable parti anti-jésuite, qui se rangeait derrière l'autorité du ministre Choiseul et qui pouvait compter sur l'influence de Mme de Pompadour. Dès 1761, vingt-quatre ouvrages jésuites furent condamnés au feu ; l'année suivante fut prescrite par le Parlement la suppression de l'Ordre, qui, sur les instances de Choiseul, fut finalement dissous par un édit royal en 1764. Cette dissolution n'a pourtant pas éteint les polémiques ; les Jésuites protestent, les philosophes ripostent et d'Alembert publie en décembre 1764 un écrit *Sur la destruc- des Jésuites,* d'un ton assez modéré, mais d'une pensée très ferme, où l'esprit de la Société était flétri devant l'opinion.

La lutte contre les Jésuites est d'ailleurs liée chez Voltaire à un combat plus vaste contre toutes les formes du fanatisme. Les années qui séparent *Candide* et *L'Ingénu* sont celles où Voltaire intervient successivement pour réhabiliter la mémoire du protestant Calas, exécuté à Toulouse ; pour protéger la famille protestante Sirven, qui s'est réfugiée à Ferney ; pour obtenir la révision du procès du jeune chevalier de la Barre, exécuté à Abbeville pour avoir chanté des chansons impies et mutilé un crucifix. C'est encore le temps où paraissent le *Traité sur la tolérance* (1763), le *Dictionnaire philosophique* (1764), les *Questions sur les miracles* (1765), ouvrages dominés par la polémique anti-religieuse.

L'Ingénu doit être situé dans ce contexte historique. Le conte, rédigé au printemps de 1767, s'imprime en juillet, paraît au début d'août à Genève, puis à Paris, sous l'anonymat, et bientôt est retiré de la vente sur intervention de la police. C'est que l'Autorité en avait mesuré toute la hardiesse. D'ailleurs Voltaire, quoique démasqué par beaucoup de lecteurs, avait vigoureusement nié l'attribution qui lui en était faite. De telles circonstances prouvent bien que nous sommes en présence d'une œuvre de combat, dont il convient de préciser le contenu et la portée.

II - L'HISTOIRE DE L'INGÉNU

On a fait parfois observer que, parmi les récits de Voltaire, *L'Ingénu* était celui qui offrait l'intrigue la plus consistante, la plus suivie. Nous ne croyons pas pour autant que l'écrivain ait prétendu éveiller sérieusement l'intérêt des lecteurs à l'égard de ses personnages. *L'Ingénu*, quoique donné en sous-titre comme « histoire véritable », demeure un récit philosophique, et l'invention romanesque y demeure manifestement subordonnée à la mise en valeur de quelques idées. Personne ne se trompe ; personne n'est tenté de s'émouvoir plus qu'il ne convient sur les malheurs de l'héroïne ni sur les mésaventures du héros. Il n'en est pas moins vrai que les épisodes se succèdent avec une sorte de logique interne et qu'il est nécessaire de voir cet enchaînement pour comprendre le véritable sens de l'œuvre. *Candide* ne se raconte guère sans devenir un pâle schéma, un squelette. *L'Ingénu* « se raconte », il est possible d'en proposer, par l'analyse, une image assez fidèle.

L'histoire se déroule en 1689, donc quatre ans après la révocation de l'édit de Nantes, en un temps où Louis XIV, sous l'influence de ses conseillers, exerçait, dans l'ordre religieux, une autorité de plus en plus pesante. Elle débute dans la baie de Saint-Malo, au prieuré de Notre-Dame de la Montagne : nous faisons connaissance avec toute une petite société locale, composée du prieur, l'Abbé de Kerkabon, de sa sœur vieille fille, d'un autre prêtre des environs, l'Abbé de Saint-Yves, de sa sœur, Melle de Saint-Yves, plus jeune et plus attrayante que Melle de Kerkabon, d'un bailli imposant et volontiers questionneur et de quelques autres personnes plus fugitivement décrites. Cette société est agitée par l'arrivée d'un sauvage d'Amérique, un huron, l'Ingénu, qui a débarqué d'un bateau anglais sur la côte bretonne. Ce Huron, par un concours exceptionnel de circonstances, sait le français, ce qui permet de l'interroger ; on découvre en outre qu'il est, en réalité, le fils du frère et de la belle-sœur de l'abbé de Kerkabon, disparus depuis une expédition effectuée vingt ans auparavant en territoire huron. Cette ascendance le rend particulièrement assimilable aux habitudes françaises et surtout particulièrement digne d'intérêt au regard de ses hôtes, qui l'adoptent comme un fils.

Du chapitre III au chapitre VI sont décrites les premières réactions du sauvage à l'éducation qui lui est donnée et les naïvetés qui manifestent son origine. Il est initié à la Bible et prend à la lettre les rites anciens qui y sont mentionnés, d'où l'obstination qu'il met, dans le dessein de devenir chrétien, à vouloir se faire circoncire et baptiser par l'immersion complète. Il tombe amoureux de Melle de Saint-Yves et ne conçoit pas qu'il faille, pour l'épouser, obtenir le consentement de quiconque ; il tente donc de s'unir tout bonnement à elle selon la loi naturelle et provoque un scandale à la suite duquel Melle de Saint-Yves, sur le conseil du bailli qui voudrait la faire donner en mariage à son fils, est enfermée dans un couvent et mise ainsi à l'abri de tout assaut importun.

Là-dessus se déroule un épisode de diversion, dont les effets commanderont d'ailleurs toute la suite du récit. Les Anglais débarquent (nous sommes au chapitre VII) ; le Huron, décidé à demeurer français, réalise contre eux des prodiges d'héroïsme, stimule la résistance des Bretons et les oblige à rembarquer. On décide qu'il se rendra à Versailles pour recevoir du roi la récompense de ses exploits.

Mais le Huron a le malheur de faire étape à Saumur, ancienne ville franche des protestants, ruinée par la révocation de l'Edit de Nantes ; les libres propos que lui inspire cette situation sont surpris par un espion jésuite qui s'empressera de les rapporter au père de La Chaise, confesseur du roi. La lettre arrive à Versailles en même temps que lui (chapitre VIII). C'est à peine s'il a le temps de se faire recevoir, non certes par le roi, comme il s'y attendait naïvement, ni par le ministre de la guerre Louvois, ni même par le premier commis du ministre, mais par un commis du premier commis, qui d'ailleurs l'écoute à peine : il est bientôt arrêté et enfermé à la Bastille, sur la double dénonciation de l'espion jésuite et du bailli bas-breton qui, pour évincer le rival de son fils auprès de Melle de Saint-Yves, est bien décidé à assurer sa perte (chapitre IX).

Le Huron a pour compagnon de captivité un vieux janséniste nommé Gordon, fort digne homme, plein d'érudition, mais aussi plein des préjugés de sa secte. En sa compagnie, le Huron découvre la physique, la géométrie, l'histoire, l'astronomie, la philosophie de Malebranche et même la littérature. Ses progrès, ses étonnements aussi, nous sont contés dans les chapitres X à XII, puis au chapitre XIV.

Dans l'intervalle, au chapitre XIII, nous a été décrite l'émotion qui s'est emparée de la société bretonne à la suite de la disparition du héros. M. et Melle de Kerkabon se lancent à sa recherche et se rendent à Paris ; de son côté, Melle de Saint-Yves, qu'on a extraite de son couvent pour qu'elle épouse le fils du bailli, s'enfuit afin de retrouver son amant et on court à ses trousses. A Versailles, par l'intermédiaire d'un Jésuite obligeant, le père *Tout à tous*, il est adressé à M. de Saint-Pouange, cousin et favori de Louvois.

Les chapitres XV à XVIII sont consacrés au récit de l'aventure vécue par Melle de Saint-Yves. Elle est galamment reçue par Saint-Pouange, qui est disposé à faire libérer l'Ingénu, mais en échange de ses faveurs. A son grand étonnement, le Jésuite lui conseille de céder et une amie non moins obligeante lui donne le même conseil. Au prix de ce sacrifice, elle obtient la grâce de l'Ingénu et même celle du janséniste Gordon, en échange d'un nouveau rendez-vous auquel elle s'abstiendra d'ailleurs de se rendre.

Tout le monde se retrouve en Basse-Bretagne dans les deux derniers chapitres (XIX et XX). Tout irait bien, si le remords ne tenaillait pas l'héroïne. L'arrivée de sa confidente de Versailles lui donne le dernier coup, car elle redoute que l'Ingénu apprenne à quelle condition elle a arraché sa liberté. Bien que l'Ingénu garde l'esprit assez libre pour concevoir qu'elle se soit sacrifiée, en somme, par vertu, elle tombe dans un état de prostration et de désespoir dont ne parviennent pas à la tirer deux médecins détestables, et elle meurt d'une maladie mystérieuse qui semble être la suite naturelle de ses épreuves. Ses derniers moments coïncident avec l'arrivée en Basse-Bretagne d'une lettre rédigée par l'homme de confiance du père de La Chaise et qui, par ironie du destin, contient une réhabilitation glorieuse de l'Ingénu, auquel tous les espoirs de réussite sociale paraissent désormais permis. Mais le héros est trop indigné et trop désemparé pour accepter une telle faveur. Il se résigne pourtant, car il faut bien faire une fin, à devenir un officier de Louvois, tandis que, pour le reste de la société bretonne, tout s'achève le mieux du monde et justifie la devise adoptée par l'ancien janséniste Gordon, converti par les événements à une philosophie plus saine : « Malheur est bon à quelque chose ».

III - SOURCES LIVRESQUES DE « L'INGÉNU »

Avant de rechercher quels enseignements particuliers, indépendamment de cette maxime générale un peu vague, Voltaire a voulu enfermer dans l'histoire de l'Ingénu, il convient de déterminer d'où lui sont venus les éléments de documentation qui lui ont permis de donner au conte sa couleur et sa consistance.

A - LE PRÉTEXTE EXOTIQUE

Le premier problème, à cet égard, est celui de la fiction du sauvage africain découvrant les institutions de l'Europe occidentale.

Le procédé qui consiste à confronter des mœurs différentes par le truchement de voyageurs étrangers et à remettre ainsi en question les valeurs consacrées par une civilisation est traditionnel depuis Montesquieu, qui ne l'a d'ailleurs pas inventé et qui lui a donné seulement des lettres de noblesse littéraires. Ce qui est plus nouveau, c'est l'intervention d'un habitant du Nouveau Monde : il faut y voir la conséquence du mouvement de curiosité qu'ont éveillé dans l'esprit public les nombreux voyages d'exploration accomplis au XVIIIème siècle.

La source livresque la plus précise et la plus certaine à cet égard a été découverte par Gilbert Chinard, auteur d'un livre important sur *L'Amérique et le rêve exotique.* Chinard signale les *Lettres iroquoises,* publiées en 1752 par Maubert de Gouvest. Ces *Lettres* sont attribuées à un jeune Iroquois nommé Igli, qui a été chargé par ses compatriotes de se renseigner sur les mérites de la civilisation française et qui, pour remplir sa mission, vient passer douze ans à Paris. Ce jeune sauvage marque un étonnement semblable à celui de l'Ingénu en découvrant des institutions aussi insolites à ses yeux que celle des couvents, ou en constatant les méfaits de l'autorité politique et de l'intolérance religieuse. Mais l'analogie des deux ouvrages ne tient pas seulement à la convention originelle et à l'esprit qui anime l'étude des mœurs. Il y a dans les *Lettres iroquoises* les éléments d'une intrigue qui annonce curieusement celle de l'Ingénu. Pour avoir tenu des propos imprudents, le héros des *Lettres iroquoises* est l'objet d'une lettre de cachet qui le conduit à la Bastille, où il gémit sur la perte de sa maîtresse ; il reçoit, en prison, la visite d'un janséniste qui, non content de l'initier aux mystères de la grâce efficace et de la grâce suffisante, concourt à sa culture générale en lui apprenant le latin. De telles coïncidences ne sont probablement pas fortuites, quoiqu'il soit impossible de prouver positivement que Voltaire ait lu ces *Lettres iroquoises.*

De la même veine sont les *Lettres illinoises,* publiées à Londres en 1766, donc un an seulement avant *L'Ingénu* et dont le héros, comme celui de *L'Ingénu,* a l'originalité de posséder une ascendance européenne. Toutefois deux autres lectures sont plus probables, parce que les deux livres en question ont été recensés dans la bibliothèque personnelle de Voltaire : ce sont les *Lettres d'un sauvage dépaysé à son correspondant en Amérique,* attribuées à Joubert de la Rue et publiées à Amsterdam en 1746, donc antérieures aux *Lettres iroquoises,* qui paraissent s'en inspirer, et les *Nouveaux voyages de M. le baron de La Hontan dans l'Amérique septentrionale,* dont l'auteur dialogue avec un sauvage d'esprit particulièrement hardi. Mais il importe moins de rappeler tel ou tel ouvrage que de souligner l'existence d'une tradition littéraire, à laquelle Voltaire n'éprouve pas le moindre scrupule à se rattacher.

B - LE CADRE GÉOGRAPHIQUE

Il en est de même pour les précisions qui concernent, plus particulièrement, les Hurons et leur pays. On sait que les Hurons occupaient, au Canada, quelques villages proches de deux lacs appelés le lac Simcoe et le lac Huron : c'était une tribu paisible, qui vivait des produits de l'agriculture, de la chasse et de la pêche et qui fut la victime des entreprises de leurs voisins plus guerriers les Iroquois ; les mœurs des Hurons avaient déjà été décrites en particulier par des missionnaires qui avaient mené chez eux au XVIIème et au début du XVIIIème siècle un effort soutenu d'évangélisation.

Il se trouve que Voltaire a noté lui-même, dans *L'Ingénu,* la source principale de sa documentation particulière sur les Hurons en citant au chapitre premier le nom du révérend père Sagar Théodat, de l'ordre des Recollets, désigné comme l'auteur d'une grammaire huronne. Il s'agit en fait d'un ouvrage intitulé *Grand voyage au pays des Hurons,* publié en 1632, et qui s'accompagne d'un *Dictionnaire de la langue huronne* où figurent en particulier les trois mots cités par Voltaire comme correspondant aux notions françaises de tabac, de manger et de faire l'amour. Or nous savons aujourd'hui en outre que ce livre figurait dans la bibliothèque de Voltaire à Ferney et on y retrouve la plupart des indications d'ordre géographique ou technologique qui ont été mises à profit dans *L'Ingénu.* Il semble enfin que Voltaire ait été instruit de l'exploration qui conduisit Jolliet et Cavelier de la Salle vers les terres des Hurons en 1669, c'est-à-dire l'année même où aurait été conçu de père et de mère français le héros du conte.

C - LES ÉLÉMENTS HISTORIQUES

Quant à la documentation qui permit à Voltaire de situer en 1689 l'aventure de son Huron, elle a été réunie à l'occasion des recherches historiques auxquelles donna lieu, notamment, la préparation du *Siècle de Louis XIV.* Ainsi se vérifie une fois de plus la justesse de la remarque déjà formulée à propos de *Candide* : l'œuvre de Voltaire, si diverse soit-elle, possède une unité profonde parce que, de l'un à l'autre des genres cultivés, circule le même esprit et sont utilisées, selon les normes de chaque genre, les mêmes données d'expérience. Voltaire conteur, c'est encore Voltaire historien, mais un historien qui domine de plus haut sa matière et qui, surtout, l'utilise avec plus de désinvolture en vue de son dessein le plus constant, la lutte philosophique.

Le meilleur exemple à ce propos nous est fourni par le chapitre VIII, qui concerne le passage de l'Ingénu à Saumur. Un pasteur protestant déplore la révocation de l'Edit de Nantes et témoigne que cette mesure de fanatisme eut des conséquences politiques désastreuses ; il y eut, lisons-nous, « cinquante mille familles fugitives » et « cinquante mille autres converties par les Dragons ». Or Voltaire a déjà noté, dans *Le Siècle de Louis XIV,* que « près de cinquante mille familles, en trois ans de temps, sortirent du royaume » et observé que cette fuite massive, tout en accumulant des haines contre le roi de France, eut en outre l'effet d'assurer à la Hollande « d'excellents officiers », transplantés de leur pays d'origine. De même est-il indiqué dans *L'Ingénu* que le roi Guillaume « a composé plusieurs régiments de ces mêmes Français qui auraient combattu pour leur monarque ». Quant à la situation particulière de Saumur, qui, comme nous le lisions au début du même chapitre, « contenait plus de quinze mille âmes » et que l'événement fit tomber à moins de dix mille, elle se trouvait signalée dans l'article *Saumur* de *L'Encyclopédie,* peut-être inspiré par Voltaire, où nous apprenons que le calvinisme avait contribué sous Henri IV à la prospérité de la ville et que la persécution y laissa subsister « à peine cinquante mille âmes », à cause de la suppression des temples, des collèges et de l'Académie.

Il est évident aussi que, dans *L'Ingénu,* Voltaire s'est souvenu de ses recherches anciennes sur le jansénisme et que certains détails du conte s'éclairent si on relit le chapitre du *Siècle de Louis XIV* consacré aux idées de cette secte et à la persécution dont elle fut victime. Déjà dans *Le Siècle de Louis XIV*, Voltaire a souligné le rôle joué par Louvois et par le père de La Chaise dans le raidissement de la politique royale à l'égard des sectes religieuses. Déjà il y avait répandu des insinuations relatives aux mœurs de quelques personnalités ecclésiastiques et en particulier au contrat de mariage secret qui aurait uni Bossuet, depuis sa première jeunesse, avec Melle de Mauléon. Mais l'historien de Louis XIV a le scrupule de noter que cette union secrète n'entraîna jamais le moindre scandale ; l'auteur de *L'Ingénu* se sent plus libre et signale en passant, d'une plume alerte, que l'Abbé de Kerkabon, désireux d'avoir une audience de l'évêque de Meaux, apprit qu'il « examinait avec Melle de Mauléon l'amour mystique de Mme Guyon », proposition elliptique et équivoque où le désir de faire sourire apparaît évidemment plus vif que celui de fournir un témoignage exact.

D - LES RÉFÉRENCES ÉRUDITES

Voltaire en use donc librement avec l'histoire et plus généralement avec l'érudition, qui, dans *L'Ingénu*, est toujours subordonnée à la nécessité d'animer le récit ou de rehausser les propos des personnages. Si le héros est baptisé bizarrement Hercule, c'est pour Voltaire l'occasion de rappeler, non les douze travaux du héros mythologique, mais le treizième, le plus gaillard, dont l'écrivain trouvait mention à l'article *Hercule* du Dictionnaire de

Bayle (voir la fin du chapitre IV de *L'Ingénu*). C'est par des intentions analogues que s'expliquent les emprunts assez nombreux à la Bible, dont il convient de fournir quelques exemples. Au chapitre IV, on lit que « le vin, selon Salomon, réjouit le cœur de l'homme », citation extrêmement célèbre, mais l'évêque de Rennes ajoute au même propos « que le Patriarche Juda devait lier son ânon à la vigne et tremper son manteau dans le sang du raisin », allusion presque littérale aux paroles de Jacob mourant à Juda, dans la *Genèse,* XLIX : « Il liera son ânon à la vigne... Il lavera sa robe dans le vin et son manteau dans le sang des raisins », quoiqu'il s'agisse, dans le texte sacré, non d'une prescription, mais, en quelque manière, d'une prophétie. Un peu plus haut, c'est au Nouveau Testament, et plus précisément aux *Actes des Apôtres,* que s'est référé le conteur à propos de « l'Eunuque de la Reine Candace... baptisé dans un ruisseau » ; le texte biblique précise que l'Eunuque de la reine d'Ethiopie fut baptisé, sur sa demande, par l'apôtre Philippe : il est évident que si Voltaire a retenu ce détail, c'est pour sa couleur pittoresque et aussi pour la plaisanterie grivoise dont l'occasion lui était ainsi fournie, en opposant à l'eunuque de la Bible le très viril Ingénu. Voltaire médite déjà *La Bible expliquée,* qui sera l'un de ses derniers livres ; en attendant de pouvoir mûrir et achever cet ouvrage de combat, il mobilise ses connaissances sur les deux Testaments avec un parfait à-propos pour l'ornement de ses contes, et c'est ainsi que l'érudition biblique a sa place dans *L'Ingénu,* au même titre que l'érudition historique.

E - L'AVENTURE ROMANESQUE

Il existe enfin une source livresque assez probable qui concerne l'affabulation proprement dite de *L'Ingénu* et, plus particulièrement, les mésaventures de Melle de Saint-Yves, dans la dernière partie du récit. De ces mésaventures, en effet, doivent être rapprochées celles d'une héroïne de Charles Pinot-Duclos, romancier fort célèbre en son temps et qui mit à la mode le thème systématiquement exploité par le marquis de Sade sous le titre *Les Infortunes de la vertu.* Il s'agissait pour Duclos, comme il s'agira pour Sade, de montrer une héroïne vertueuse, mais contrainte par l'ironie de son destin à immoler cette vertu sur l'autel de la nécessité. Son livre s'appelle *Histoire de Mme de Luz.* Le personnage de Duclos est notamment en butte aux assiduités d'un conseiller au Parlement, M. Thurin, dont dépend le sort de son mari impliqué dans une conspiration ; elle commence par lui résister, comme Melle de Saint-Yves à Saint-Pouange, avant de se résigner au sacrifice. L'argument qui la décide est celui-là même que donnent ses conseillers à Melle de Saint-Yves : votre vertu, lui représente-t-on, peut assurer « la grâce d'un rebelle » et elle « importe peu au salut de l'Etat » ; elle n'est, après tout, qu'un « préjugé chimérique ».

Déjà Voltaire avait développé de telles considérations dans un conte de jeunesse, *Cosi-Sancta*. Mais le destin de Mme de Luz ressemble moins à celui de Cosi-Sancta qu'à celui de Melle de Saint-Yves, car l'héroïne de Duclos est atteinte d'une fièvre, comme Melle de Saint-Yves, et meurt, comme elle, dans le désarroi entraîné par ses remords.

Voltaire, il est vrai, assortit son histoire d'un détail particulièrement piquant, dans le passage où Melle de Saint-Yves se voit recommander le sacrifice par un Jésuite au nom de l'autorité de saint Augustin, bien inattendue dans la bouche d'un tel conseiller (chapitre XVI). Sa source en l'occasion n'est pas Duclos, mais le Dictionnaire de Bayle, et l'anecdote l'avait tellement frappé que nous en retrouvons mention dans le *Dictionnaire philosophique,* à l'article *Adultère.* Il importe peu, après tout, de faire le départ entre l'impulsion qui a pu lui être donnée par le récit de Duclos et les suggestions apportées par l'article de Bayle. L'essentiel pour nous est de voir que l'invention romanesque, dans *L'Ingénu,* est subordonnée à une intention polémique précise. Nous mettrons en lumière cette intention en la rattachant aux batailles menées par Voltaire dans le temps même où il a conçu et publié son conte.

IV - LE PAMPHLET ANTI-JÉSUITE

Nous trouvons certes dans *L'Ingénu,* comme dans *Candide,* les éléments traditionnels d'une satire qui s'exerce sur les sujets les plus divers : les mœurs littéraires, la médecine, la justice, l'administration publique. Nous devons reconnaître pourtant que, d'une façon générale, cette verve n'est pas très corrosive. On pourrait même être tenté de croire, sur certaines apparences, que Voltaire, avec l'âge, est devenu un homme indulgent. Il y a beaucoup de braves gens dans l'histoire qu'il nous raconte. A l'exception du perfide bailli, les membres de la petite société bretonne sont, en somme, fort sympathiques : le prieur de Kerkabon et l'abbé de Saint-Yves sont des ecclésiastiques un peu naïfs, mais pleins de bonnes intentions ; le même jugement vaut pour Melle de Kerkabon, la vieille fille, et naturellement aussi pour Melle de Saint-Yves, qui est dévolue au rôle de victime. La société parisienne est plus mêlée ; cependant, plusieurs des personnages qui jouent un rôle dans la disgrâce de l'Ingénu sont peints avec des nuances, comme si Voltaire avait voulu les ménager. Le commis qui reçoit le héros n'est qu'un fonctionnaire routinier et indifférent ; quant à Saint-Pouange, on nous précise au dénouement qu'il « n'était point né méchant », mais que « le torrent des affaires et des amusements avait emporté son âme qui ne se connaissait pas encore » et on nous décrit son repentir. Enfin, le janséniste Gordon est un vieillard respectable, généreux, instruit ; son seul tort est de s'attacher à des chimères théologiques. On sait pourtant que Voltaire n'aime guère les jansénistes ; mais dans *L'Ingénu* il semble résolu à les épargner, en les représentant comme des gens absurdes sans doute, mais aussi et surtout comme des persécutés, victimes du fanatisme et par là même aussi dignes de notre pitié que leurs bourreaux doivent apparaître dignes de notre colère. Or ces bourreaux se nomment les Jésuites et on s'aperçoit, à y regarder de près, que si Voltaire manifeste en maint endroit de *L'Ingénu* tant d'indulgence à l'égard de certaines faiblesses humaines, c'est afin de mettre en un relief plus vif l'infamie de ses grands adversaires du moment. Cet aspect de l'ouvrage a été nettement mis en lumière dans un article excellent de M. Nivat, publié en 1952 dans la *Revue des sciences humaines* : « *L'Ingénu*, les Jésuites et l'affaire La Chalotais ». Nous nous référerons à cet article ; c'est bien l'essentiel de l'inspiration voltairienne dans *L'Ingénu* que nous dégagerons en décrivant avant tout ce conte comme un pamphlet anti-jésuite.

Il est frappant de voir comment Voltaire, à plus d'un siècle de distance, rejoint dans ce combat son vieil adversaire Pascal. Nous savons quels griefs il avait formulés contre l'auteur des *Pensées*. Mais nous savons aussi qu'il a toujours admiré celui des *Provinciales* et qu'il a loué cet ouvrage comme un chef-d'œuvre de la prose classique française. Nous ne devons donc pas nous étonner si, dans la matière même, le pamphlet anti-jésuite de Voltaire ressemble à celui de Pascal.

Souvenons-nous de ce père Jésuite que Pascal met en scène, notamment, dans la quatrième Provinciale, sur le thème du péché. C'est un homme d'une extrême complaisance et de manières fort douces, toujours prêt à instruire son interlocuteur des thèses molinistes et à tenter d'en faire ressortir la vertu ; l'ingéniosité du pamphlétaire consiste à mettre dans sa bouche les propos les plus scandaleux et les plus révoltants sous les dehors de la bonne foi la plus naïve : le Jésuite de Pascal est ainsi un véritable personnage de comédie.

Or, il y a, dans *L'Ingénu,* au chapitre XIII, deux portraits qui ressemblent beaucoup au portrait dessiné par Pascal. L'abbé de Kerkabon, après avoir vainement tenté de s'assurer le concours de plusieurs ecclésiastiques de haut rang, parvient à se faire recevoir par un Jésuite : celui-ci, lisons-nous, « le reçut à bras ouverts, lui protesta qu'il avait toujours eu pour lui une estime particulière, ne l'ayant jamais connu. Il jura que la Société avait toujours été attachée aux bas-bretons. » Ce Jésuite pratique en réalité la même obligeance déjà décrite par Pascal, cette obligeance que ses supérieurs ont érigée en système, parce qu'ils y ont vu un moyen parmi d'autres de gagner les faveurs du public le plus large, tous les moyens étant bons, même les plus cauteleux, pour parvenir à régner sur les consciences et à s'assurer par là le contrôle de toutes choses. Un peu plus loin, nous faisons connaissance avec le père *Tout à tous,* qui est présenté comme un Jésuite « du bas étage » ; Voltaire écrit à cette occasion qu'il y avait des Jésuites « pour toutes les conditions de la vie », l'un d'eux étant le confesseur du roi et, à ce titre, le chef réel de l'Eglise gallicane, d'autres étant les confesseurs des princesses, d'autres encore étant ceux « des femmes de chambre, par lesquelles on savait les secrets des maîtresses » ; et cette distribution des rôles est un nouvel aspect de la politique de présence universelle que Pascal avait déjà dénoncée comme un grand principe de la Société.

Ce père *Tout à tous,* qui appartient à la catégorie des Jésuites pour femmes de chambre, va jouer dans l'histoire un rôle analogue à celui des pères décrits dans les *Provinciales,* et dont la casuistique s'attache à justifier, si l'intérêt de leur Ordre le commande, les conduites les plus coupables : nous le voyons à l'œuvre, au chapitre XVI, avec Melle de Saint-Yves, à qui il conseille de céder aux instances du ministre Saint-Pouange. Comment peut-il justifier un semblable conseil ? Par des arguties scolastiques, par des subtilités de raisonnement dont Pascal a déjà dénoncé le vice profond. « Les actions ne sont pas d'une malice de coulpe quand l'intention est pure », dit-il à sa pénitente, « et rien n'est plus pur que de délivrer son mari ». Ainsi se trouve mise en pratique la méthode définie par le père Jésuite des *Provinciales* : « Nous ne souffrons jamais d'avoir l'intention formelle de pécher pour le seul dessein de pécher... Mais quand on n'est pas dans cette malheureuse disposition, nous essayons de mettre en pratique notre méthode de *diriger l'intention,* qui consiste à proposer pour fin de ses actions un objet permis. Ce n'est pas qu'autant qu'il est en notre pouvoir nous ne détournions les hommes des choses défendues, mais quand nous ne pouvons pas empêcher l'action, nous purifions au moins l'intention ; et ainsi nous corrigeons le vice du moyen par la pureté de la fin » *(Lettre VII).* Nous avons le sentiment que, dans le passage correspondant de *L'Ingénu,* le souvenir de Pascal est tout à fait direct et que Voltaire retrouve ainsi les éléments traditionnels de la polémique janséniste contre les Jésuites.

Nous ne devons pas oublier d'ailleurs que l'aventure de l'Ingénu se déroule en 1689, soit trente-deux ans seulement après les *Provinciales.* Et Voltaire dirige ses attaques les plus violentes contre un homme qui, dès le temps de Pascal, commençait à exercer une influence politique : le Père de La Chaise, qui allait devenir en 1675 le confesseur attitré du Roi. Voltaire le prend à partie personnellement de la façon la plus directe, en se souvenant à cette occasion des recherches qu'il avait faites pour *Le Siècle de Louis XIV,* et l'on peut dire que c'est ce personnage historique qui nous apparaît, dans *L'Ingénu,* comme le responsable et l'ordonnateur suprême des menées dont le héros est victime. Cette responsabilité est nettement affirmée au chapitre VIII, dans un passage où Louis XIV, ce grand roi, sincèrement admiré par Voltaire, apparaît comme une victime de ses intrigues : « L'Ingénu, attendri de plus en plus, demanda quels étaient les Français qui trompaient ainsi un Monarque si cher aux Hurons. Ce sont les Jésuites, lui répondit-on, c'est surtout le Père de La Chaise, confesseur de Sa Majesté ». Tout à la fin du chapitre, il est précisé que les propos imprudents de l'Ingénu sont recueillis par un « Jésuite déguisé qui servait d'espion au révérend père de La Chaise ». Plus loin, au chapitre X, le janséniste Gordon déclare que le père de La Chaise est à l'origine de son arrestation. Au chapitre XIII, Voltaire se souvient des attaques dirigées contre les mœurs privées de ce Jésuite, qui avait été l'objet d'un pamphlet anonyme intitulé *Les Amours du père de La Chaise,* en indiquant que l'abbé de Kerkabon, désireux d'être reçu par lui, apprend qu' « il était avec Melle du Tron, et ne pouvait donner audience à des prieurs ». Au début du chapitre XVI, le père Tout à tous, alerté par Melle de Saint-Yves, envisage de dénoncer l'homme qui la tourmente « à sa révérence le Père de La Chaise », en supposant à tout hasard que cet homme est un janséniste. Au chapitre XIX, le vieux Gordon fait encore allusion au confesseur du roi en évoquant les divers scandales dont il a été le témoin : « J'ai vu un espion du père de La Chaise trahir son propre frère, dans l'espérance d'un petit bénéfice qu'il n'eut point ». C'est enfin le valet de chambre du père de La Chaise, nommé Vadbled, qui écrit la lettre si violemment accueillie par l'Ingénu au dénouement. On a le sentiment, dans de tels passages, que Voltaire retrouve l'état d'esprit dont il était animé au temps du *Siècle de Louis XIV*, et qu'il se place de nouveau dans une perspective historique pour réaffirmer sa thèse bien connue : Louis XIV aurait été un très grand roi, s'il n'était pas tombé entre les mains des intrigants jésuites qui l'ont engagé dans des querelles religieuses funestes à l'intérêt de l'Etat.

Nous ne devons pas nous y tromper, cependant. Cette perspective historique, dans *L'Ingénu,* n'est qu'un recours commode qui permet au polémiste d'intervenir dans un conflit d'actualité. Voltaire, en réalité, se trouve engagé depuis plusieurs années en une lutte sans merci, qui oppose aux Jésuites le parti tout entier des philosophes. Pour comprendre la portée véritable de son pamphlet, nous devons le rattacher aux épisodes les plus récents de cette lutte. Une observation est à ce propos bien significative. Le nom même, si étrange, du père Tout à tous ne lui a pas été inspiré par le souvenir de la polémique pascalienne, mais par celui, beaucoup plus récent, du combat mené par d'Alembert. On lit en effet dans l'ouvrage de d'Alembert *Sur la destruction des Jésuites en France* que le Jésuite sait se faire « pour ainsi dire *tout à tous*, suivant une expression de l'Ecriture ». C'est cette expression même que Voltaire reprend dans *L'Ingénu* ; l'idée lui est venue, en quelque sorte, de l'incarner dans un personnage. Du coup, le conte de Voltaire se trouve étroitement rattaché à la campagne menée contre les Jésuites, autour de 1765, par le groupe des encyclopédistes.

La brochure de d'Alembert avait paru sous l'anonymat en mars 1765 et le succès en avait été considérable. Voltaire ne s'est pas contenté d'y applaudir. Il a voulu exploiter au maximum ce succès, alors même que l'ordre des Jésuites avait été dissous, afin de le transformer en une victoire définitive. C'est ainsi qu'il s'est occupé personnellement de faire réimprimer ces pages *Sur la destruction des Jésuites,* à Genève, en vue d'une seconde édition, et sa correspondance prouve qu'il y a employé tous ses soins, de décembre 1766 à avril 1767, donc quelques mois à peine avant la rédaction de *L'Ingénu.* Il est possible de relever dans le texte dû à d'Alembert certains passages qui préfigurent, de façon générale et abstraite, les attaques impliquées dans *L'Ingénu.* Celui-ci par exemple : « Enfin, ce qui a mis le comble à la puissance et à la gloire de la Société, c'est sous Louis XIV que les Jésuites sont parvenus à détruire ou du moins à opprimer en France les protestants et les jansénistes, leurs ennemis éternels : les protestants, en contribuant à la révocation de l'Edit de Nantes, cette source de dépopulation et de malheurs pour le royaume ; les jansénistes, en les privant des dignités ecclésiastiques, en armant les évêques contre eux, en les forçant d'aller prêcher et écrire dans les pays étrangers, où même ces infortunés trouvaient encore la persécution ». Il serait facile de montrer qu'en ce qui concerne les persécutions subies par les protestants comme par les jansénistes, des griefs de la même nature figurent dans *L'Ingénu* et que l'œuvre de Voltaire doit être ainsi considérée comme une illustration pittoresque des thèses défendues à cette date par les chefs de file des philosophes. L'auteur de *L'Ingénu* montre les

Jésuites à l'action ; il évoque les moyens de leur action, qui sont la délation, les dragonnades, les lettres de cachet ; les contemporains pouvaient transposer les faits que la prudence du polémiste avait pris le parti de reculer d'un siècle.

Le moment est venu de rappeler une affaire postérieure à l'écrit anti-jésuite de d'Alembert et qui, au temps de *L'Ingénu,* vient d'agiter profondément l'opinion publique : l'affaire La Chalotais, dont M. Nivat a montré toute l'importance dans la genèse du conte voltairien. C'est une affaire dont les échos sont nombreux dans la correspondance des philosophes et aussi dans certaines chroniques du temps, comme les *Mémoires secrets* de Bachaumont.

La Chalotais était procureur général au Parlement de Rennes et s'était signalé par un réquisitoire contre les Jésuites publié sous le titre de *Compte rendu,* puis par un *Essai d'éducation nationale* où il dénonçait les méthodes d'éducation appliquées dans les collèges jésuites. Il avait mené, en outre, une opposition systématique contre le commandant de la province, le duc d'Aiguillon, neveu du comte de Saint-Florentin, secrétaire d'Etat, placé à la tête de la police du royaume. En 1765, La Chalotais fut accusé, à l'instigation de ses ennemis, d'avoir écrit de grossières lettres anonymes au comte de Saint-Florentin et il fut l'objet d'une lettre de cachet. On l'arrêta au mois de novembre avec son fils et avec trois autres magistrats ; il fut incarcéré en Bretagne, puis à la Bastille. On le libéra en décembre 1766, après plus d'un an de captivité.

La Chalotais employa le temps de cette captivité à composer des mémoires qui devaient bientôt agiter l'opinion publique. Il les avait écrits, disait-il, faute de plume et d'encre, avec un cure-dent trempé dans un mélange de suie et de vinaigre. Il y en eut deux en août 1766, un troisième en février 1767, un quatrième enfin, postérieur de plusieurs années. La Chalotais y dénonçait surtout les Jésuites, ses vieux ennemis, les accusait de faux, de calomnies, d'espionnage, les rendait responsables de nombreuses arrestations arbitraires pratiquées à leur instigation avec la complaisance du pouvoir et se posait, en face d'eux, comme un défenseur de toutes les libertés. La Chalotais devint ainsi, dans ces années-là, un symbole et un porte-drapeau pour les philosophes.

Il était établi que d'Alembert connaissait La Chalotais ; on a même prétendu qu'il était le véritable auteur du fameux *Compte rendu* attribué au procureur breton. La Chalotais a un autre ami en la personne de Duclos, dont nous avons cité le nom en étudiant les sources romanesques de *L'Ingénu,* et qui était en relations suivies avec Voltaire. Par Duclos peut-être, Voltaire fut mis directement au courant du détail des controverses auxquelles donnait lieu en Bretagne l'affaire La Chalotais. Aussi relève-t-on de nombreuses allusions à cette affaire dans la correspondance de Voltaire avec d'Alembert, Damilaville, d'Argental et Diderot. Le 29 décembre 1766, Voltaire écrit à Damilaville, alors que La Chalotais vient d'être libéré, qu'il ne peut intervenir officiellement en des conjonctures si délicates, et il est vrai que Voltaire s'est toujours préoccupé de ménager le pouvoir. Mais ce refus d'entrer en lice n'exclut pas, bien au contraire, qu'il cherche un moyen indirect et discret de prendre position, et ce moyen, c'est *L'Ingénu* qui le lui fournit. Ce conte renferme certaines allusions aux abus reprochés à Saint-Florentin, et il faut peut-être lire le nom de Saint-Florentin sous celui de Saint-Pouange. Mais il y a lieu de se demander en outre si l'aventure de l'Ingénu à la Bastille n'a pas été inspirée, dans une certaine mesure, par celle du procureur La Chalotais.

Une première observation nous frappe : le récit débute en Bretagne, où a éclaté l'affaire La Chalotais. En voici une seconde, plus précise : elle concerne, au chapitre VII, le débarquement des Anglais, à l'occasion duquel le Huron se couvre de gloire. Dans le récit, cet épisode est naturellement daté de 1689. Mais d'autres débarquements anglais sur la côte bretonne avaient eu lieu depuis lors, et notamment, en 1758, près de Saint-Malo, à Saint-Cast. Lors de cette action militaire, le peuple breton s'était signalé par sa vaillance, mais on n'avait pu en dire autant du commandant de la province, le duc d'Aiguillon, qui se serait tenu à l'abri dans un moulin ; La Chalotais aurait déclaré à cette occasion que le peuple s'était couvert de gloire et son commandant de farine.

Voltaire n'ignore pas cet épisode, puisqu'il y fait allusion dans le *Précis du Siècle de Louis XV* :

« Une flotte anglaise avait fait encore une descente à Saint-Cast, près de Saint-Malo ; tout le pays est exposé. Le duc d'Aiguillon, qui commandait dans le pays, marche sur-le-champ à la tête de la noblesse bretonne, de quelques bataillons et des milices qu'il rencontre en chemin. Il force les Anglais de se rembarquer ; une partie de leur arrière-garde est tuée, l'autre faite prisonnière de guerre. » On voit, dans ce passage, qu'à la différence de La Chalotais, Voltaire se garde de mettre en cause le duc d'Aiguillon ; il a ses raisons pour cela, car si le duc d'Aiguillon est le neveu du comte de Saint-Florentin, il est aussi celui du duc de Richelieu, avec lequel Voltaire entretient des relations d'amitié. Aussi lui prête-t-il une conduite courageuse, et il obéit en cela à la prière de Richelieu, comme le prouve un échange de correspondance à ce propos. Il est évident, toutefois, qu'il n'a pas ignoré les bruits qui couraient sur la lâcheté du duc d'Aiguillon. C'est sans doute la raison pour laquelle, dans *L'Ingénu,* il signale que le bailli, ce personnage d'ailleurs si antipathique, « s'était caché dans sa cave pendant le combat ». Cette cave du bailli rappelle le moulin qui servit de refuge au duc d'Aiguillon. Mais l'allusion est trop indirecte pour que personne puisse s'en offusquer ouvertement. Une telle remarque pourrait s'appliquer au récit tout entier : Voltaire n'évoque pas les malheurs de La Chalotais, mais ceux d'un personnage beaucoup plus « ingénu », d'un Huron adopté par la Bretagne, patrie de La Chalotais, et qui, comme La

Chalotais, méditera à la Bastille sur les inconvénients auxquels la haine des Jésuites peut exposer un honnête homme.

Telle est bien la manière de Voltaire dans les années de Ferney. Toutes les occasions lui sont bonnes pour attaquer ses adversaires. « Je fais la guerre à droite, à gauche », écrivait-il à d'Alembert, le 10 août 1767, dans une lettre citée par M. Nivat : « Je charge mon fusil de sel avec les uns, et de grosses balles avec les autres ». *L'Ingénu* offre l'exemple d'une circonstance où le fusil de Voltaire a été chargé de sel ; mais le sel de Voltaire est en réalité la plus corrosive des poudres. *L'Ingénu* a tous les dehors d'un récit romanesque d'où l'indulgence et même la bonhomie ne sont pas absentes ; mais qu'on gratte un peu ce vernis et on voit alors à l'œil nu avec quel acharnement il poursuit son combat de philosophe.

Combat contre les Jésuites, avant tout, et nous venons de le constater : les Jésuites sont ceux de ses adversaires qui, depuis quelques années surtout, dirigent contre lui les coups les plus violents. Mais aussi, d'une façon plus générale, combat contre tous ceux qui, par leur esprit de fanatisme, s'opposent au progrès de la vérité dans les esprits. Telle est l'idée maîtresse de Voltaire, et cette idée se fait jour, sous une fiction souvent légère, dans de nombreux passages de *L'Ingénu*.

Son personnage principal est un vivant symbole de l'esprit libre qu'un bon sens inné, fortifié par une expérience bien assimilée, a conduit à la vision la plus saine de la vie : « Son entendement, n'ayant point été courbé par l'erreur », lisons-nous au chapitre XIV, « était demeuré dans toute sa rectitude. Il voyait les choses comme elles sont, au lieu que les idées qu'on nous donne dans l'enfance nous les font voir toute notre vie comme elles ne sont point ». Les lectures qu'il a faites dans la solitude de la prison ont fortifié ces heureuses dispositions et il a été frappé de cette formule que le conteur prétend extraire d'une histoire de l'empereur Justinien : « La vérité luit de sa propre lumière, et on n'éclaire pas les esprits avec les flammes du bûcher ». La référence est fausse, car cette phrase est tirée d'un roman de l'encyclopédiste Marmontel, *Bélisaire,* et plus particulièrement d'un chapitre qui vient d'être censuré en avril 1767. En la citant, Voltaire donne une nouvelle preuve de l'esprit qui l'anime. La vérité luit de sa propre lumière, parce qu'elle s'impose à tous les hommes avec un caractère d'évidence, parce qu'aucune force d'oppression n'est capable de détruire cette évidence ; on se souvient du fameux mot prêté à Galilée, coupable, aux yeux de ses juges, d'avoir affirmé que la terre tournait : « Et pourtant, elle tourne ». Cette vérité-là est celle de la Raison, et c'est pourquoi elle doit finir par triompher.

Telle est l'inspiration qui parcourt les contes de Voltaire, de *Micromégas* à *L'Ingénu. Micromégas* faisait apparaître, certes, les limites de toute connaissance humaine, mais dans ces limites même se manifestent les certitudes des savants, aussi fortes que les lois de la nature. *L'Ingénu* dénonce les efforts entrepris par certains pour tenir sous le boisseau des lumières ainsi révélées par le génie des hommes. La fiction, si agréable soit-elle, demeure pour Voltaire un prétexte destiné à imposer dans les esprits, sans violence, mais avec une inexorable fermeté, la souveraineté de la Raison. Lui-même a défini sa méthode, au chapitre XI de *L'Ingénu* : « Ah ! s'il nous faut des fables, que ces fables soient du moins l'emblème de la vérité ! J'aime les fables des philosophes, je ris de celles des enfants, et je hais celles des imposteurs. »

DOCUMENTS

I - LA PLURALITÉ DES MONDES

FONTENELLE
Entretiens sur la pluralité des mondes
(1686. Troisième soir)

Je ne laisse pas de trouver qu'il serait bien étrange que la terre fût aussi habitée qu'elle l'est, et que les autres planètes ne le fussent point du tout : car ne croyez pas que nous voyions tout ce qui habite la terre ; il y a autant d'espèces d'animaux invisibles que de visibles. Nous voyons depuis l'éléphant jusqu'au ciron, là finit notre vue ; mais au ciron commence une multitude d'animaux dont il est l'éléphant et que nos yeux ne sauraient apercevoir sans secours. On a vu avec des lunettes de très petites gouttes d'eau de pluie, ou de vinaigre, ou d'autres liqueurs, remplies de petits poissons ou de petits serpents que l'on n'a jamais soupçonnés d'y habiter [...] Mêlez de certaines choses dans quelques-unes de ces liqueurs, ou exposez-les au soleil, ou laissez-les se corrompre, voilà aussitôt de nouvelles espèces de petits animaux.

Beaucoup de corps qui paraissent solides ne sont presque que des amas de ces animaux imperceptibles, qui y trouvent pour leurs mouvements autant de liberté qu'il leur en faut. Une feuille d'arbre est un petit monde habité par des vermisseaux invisibles, à qui elle paraît une étendue immense, qui y connaissent des montagnes et des abîmes, et qui d'un côté de la feuille à l'autre n'ont pas plus de communication avec les autres vermisseaux qui y vivent, que nous avec nos antipodes. A plus forte raison, ce me semble, une grosse planète sera-t-elle un monde habité. On a trouvé jusque dans des espèces de pierres très dures de petits vers sans nombre, qui y étaient logés de toutes parts dans des vides insensibles, et qui ne se nourrissaient que de la substance de ces pierres qu'ils rongeaient. Figurez-vous combien il y avait de ces petits vers, et pendant combien d'années ils subsistaient de la grosseur d'un grain de sable ; et sur cet exemple, quand la lune ne serait qu'un amas de rochers, je la ferais plutôt ronger par ses habitants que de n'y en pas mettre. Enfin, tout est vivant, tout est animé ; mettez toutes ces espèces d'animaux nouvellement découvertes, et même toutes celles que l'on conçoit aisément qui sont encore à découvrir, avec celles que l'on a toujours vues, vous trouverez assurément que la terre est bien peuplée, et que la nature y a si libéralement répandu les animaux, qu'elle ne s'est pas mise en peine que l'on en vît seulement la moitié. Croirez-vous qu'après qu'elle a poussé ici sa fécondité jusqu'à l'excès, elle a été pour toutes les autres planètes d'une stérilité à n'y rien produire de vivant ?

II - LE DÉSASTRE DE LISBONNE

VOLTAIRE

Poème sur le désastre de Lisbonne
(1756)

. . . .

Mais comment concevoir un Dieu, la bonté même,
Qui prodigua ses biens à ses enfants qu'il aime,
Et qui versa sur eux les maux à pleines mains ?
Quel œil peut pénétrer dans ses profonds desseins ?
De l'Etre tout parfait le mal ne pouvait naître ;
Il ne vient pas d'autrui, puisque Dieu seul est maître ;
Il existe pourtant. O tristes vérités !
O mélange étonnant de contrariétés !
Un Dieu vint consoler notre race affligée ;
Il visita la terre et ne l'a point changée !
Un sophiste arrogant nous dit qu'il ne l'a pu ;
« Il le pouvait, dit l'autre, et ne l'a point voulu :
Il le voudra, sans doute » ; et, tandis qu'on raisonne,
Des foudres souterrains engloutissent Lisbonne,
Et de trente cités dispersent les débris
Des bords sanglants du Tage à la mer de Cadix.
Ou l'homme est né coupable, et Dieu punit sa race,
Ou ce maître absolu de l'être et de l'espace,
Sans courroux, sans pitié, tranquille, indifférent,
De ses premiers décrets suit l'éternel torrent ;
Ou la matière informe, à son maître rebelle,
Porte en soi des défauts *nécessaires* comme elle ;
Ou bien Dieu nous éprouve et ce séjour mortel
N'est qu'un passage étroit vers un monde éternel.

Nous essuyons ici des douleurs passagères :
Le trépas est un bien qui finit nos misères.
Mais quand nous sortirons de ce passage affreux,
Qui de nous prétendra mériter d'être heureux ?
Quelque parti qu'on prenne, on doit frémir, sans doute.
Il n'est rien qu'on connaisse, et rien qu'on ne redoute.
La nature est muette, on l'interroge en vain ;
On a besoin d'un Dieu qui parle au genre humain.
Il n'appartient qu'à lui d'expliquer son ouvrage,
De consoler le faible, et d'éclairer le sage.
L'homme, au doute, à l'erreur, abandonné sans lui,
Cherche en vain des roseaux qui lui servent d'appui.
Leibniz ne m'apprend point par quels nœuds invisibles,
Dans le mieux ordonné des univers possibles,
Un désordre éternel, un chaos de malheurs,
Mêle à nos vains plaisirs de réelles douleurs,
Ni pourquoi l'innocent, ainsi que le coupable,
Subit également ce mal inévitable.
Je ne conçois pas plus comment tout serait bien ;
Je suis comme un docteur : hélas ! je ne sais rien.
Platon dit qu'autrefois l'homme avait eu des ailes,
Un corps impénétrable aux atteintes mortelles ;
La douleur, le trépas, n'approchaient point de lui.
De cet état brillant qu'il diffère aujourd'hui !
Il rampe, il souffre, il meurt ; tout ce qui naît expire ;
De la destruction la nature est l'empire.
Un faible composé de nerfs et d'ossements
Ne peut être insensible au choc des éléments ;
Ce mélange de sang, de liqueurs et de poudre,
Puisqu'il fut assemblé, fut fait pour se dissoudre ;
Et le sentiment prompt de ces nerfs délicats
Fut soumis aux douleurs, ministres du trépas :
C'est là ce que m'apprend la voix de la nature.
J'abandonne Platon, je rejette Épicure.

Bayle en sait plus qu'eux tous ; je vais le consulter :
La balance à la main, Bayle enseigne à douter,
Assez sage, assez grand pour être sans système,
Il les a tous détruits, et se combat lui-même :
Semblable à cet aveugle en butte aux Philistins,
Qui tomba sous les murs abattus par ses mains.
Que peut donc de l'esprit la plus vaste étendue ?
Rien ; le livre du sort se ferme à notre vue.
L'homme, étranger à soi, de l'homme est ignoré.
Que suis-je, où suis-je, où vais-je, et d'où suis-je tiré ?
Atomes tourmentés sur cet amas de boue
Que la mort engloutit et dont le sort se joue,
Mais atomes pensants, atomes dont les yeux,
Guidés par la pensée, ont mesuré les cieux,
Au sein de l'infini nous élançons notre être,
Sans pouvoir un moment nous voir et nous connaître.
Ce monde, ce théâtre et d'orgueil et d'erreur,
Est plein d'infortunés qui parlent de bonheur.
Tout se plaint, tout gémit en cherchant le bien-être :
Nul ne voudrait mourir, nul ne voudrait renaître.
Quelquefois, dans nos jours consacrés aux douleurs,
Par la main du plaisir nous essuyons nos pleurs ;
Mais le plaisir s'envole, et passe comme une ombre ;
Nos chagrins, nos regrets, nos pertes, sont sans nombre.
Le passé n'est pour nous qu'un triste souvenir ;
Le présent est affreux, s'il n'est point d'avenir,
Si la nuit du tombeau détruit l'être qui pense.
Un jour tout sera bien, voilà notre espérance ;
Tout est bien aujourd'hui, voilà l'illusion.
Les sages me trompaient, et Dieu seul a raison.
Humble dans mes soupirs, soumis dans ma souffrance,
Je ne m'élève point contre la Providence.
Sur un ton moins lugubre on me vit autrefois
Chanter des doux plaisirs les séduisantes lois ;
D'autres temps, d'autres mœurs : instruit par la vieillesse,

Des humains égarés partageant la faiblesse,
Dans une épaisse nuit cherchant à m'éclairer,
Je ne sais que souffrir et non pas murmurer.
Un calife autrefois, à son heure dernière,
Au Dieu qu'il adorait dit pour toute prière :
« Je t'apporte, ô seul roi, seul être illimité,
Tout ce que tu n'as pas dant ton immensité,
Les défauts, les regrets, les maux et l'ignorance. »
Mais il pouvait encore ajouter *l'espérance*.

ROUSSEAU
Lettre à Voltaire
(18 août 1756)

. . . .

Que me dit maintenant votre poème ? « Souffre à jamais, malheureux. S'il est un Dieu qui t'ait créé, sans doute il est tout-puissant ; il pouvait prévenir tous tes maux : n'espère donc jamais qu'ils finissent ; car on ne saurait voir pourquoi tu existes, si ce n'est pour souffrir et mourir ». Je ne sais ce qu'une pareille doctrine peut avoir de plus consolant que l'optimisme et que la fatalité même. Pour moi, j'avoue qu'elle me paraît plus cruelle encore que le Manichéisme. Si l'embarras de l'origine du mal vous forçait d'altérer quelqu'une des perfections de Dieu, pourquoi vouloir justifier sa puissance aux dépens de sa bonté ? S'il faut choisir entre deux erreurs, j'aime encore mieux la première.

. . . .

Je ne vois pas qu'on puisse chercher la source du mal moral ailleurs que dans l'homme libre, perfectionné, partant corrompu ; et, quant aux maux physiques, si la matière sensible et impassible est une contradiction, comme il me le semble, ils sont inévitables dans tout système dont l'homme fait partie ; et alors la question n'est point, pourquoi l'homme n'est pas parfaitement heureux, mais pourquoi il existe ? De plus, je crois avoir montré qu'excepté la mort, qui n'est presque un mal que par les préparatifs dont on la fait précéder, la plupart de nos maux physiques sont encore notre ouvrage. Sans quitter votre sujet de Lisbonne, convenez, par exemple, que si la nature n'avait point rassemblé là vingt mille maisons de six à sept étages et que si les habitants de cette grande ville eussent été dispersés plus également, et plus légèrement logés, le dégât eut été beaucoup moindre, et peut-être nul. Tout eût fui au premier ébranchement, et on les eût vus le lendemain à vingt lieues de là, tout aussi gais que s'il n'était rien arrivé ; mais il faut rester, s'opiniâtrer autour des mesures, s'exposer à de nouvelles secousses, parce que ce qu'on laisse vaut mieux que ce qu'on peut emporter. Combien de malheureux ont péri dans ce désastre, pour vouloir prendre, l'un ses habits, l'autre ses papiers, l'autre son argent ? Ne sait-on pas que la personne de chaque homme est devenue la moindre partie de lui-même, et que ce n'est presque pas la peine de la sauver quand on a perdu tout le reste ?

Vous auriez voulu (et qui n'eût voulu de même ?) que le tremblement se fût fait au fond d'un désert plutôt qu'à Lisbonne. Peut-on douter qu'il ne s'en forme aussi dans les déserts ? Mais nous n'en parlons point, parce qu'ils ne font aucun mal aux Messieurs des villes, les seuls hommes dont nous tenions compte : ils en font peu même aux animaux et aux sauvages qui habitent épars dans des lieux retirés, et qui ne craignent ni la chute des toits, ni l'embrasement des maisons. Mais que signifierait un pareil privilège ? Serait-ce donc à dire que l'ordre du monde doit changer selon nos caprices, que la nature doit être soumise à nos lois, et que, pour lui interdire un tremblement de terre en quelque lieu, nous n'avons qu'à y bâtir une ville ?

Il y a des événements qui nous frappent souvent plus ou moins, selon les faces sous lesquelles on les considère, et qui perdent beaucoup de l'horreur qu'ils inspirent au premier aspect, quand on veut les examiner de près. J'ai appris dans *Zadig*, et la nature me confirme de jour en jour, qu'une morale accélérée n'est pas toujours un mal réel, et qu'elle peut passer quelquefois pour un bien relatif. De tant d'hommes écrasés sous les ruines de Lisbonne, plusieurs, sans doute, ont évité de plus grands malheurs ; et, malgré ce qu'une pareille description a de touchant, et fournit à la poésie, il n'est pas sûr qu'un seul de ces infortunés ait plus souffert que si, selon le cours ordinaire des choses, il eût attendu dans de longues angoisses la mort qui l'est venu surprendre. Est-il une fin plus triste que celle d'un mourant qu'on accable de soins inutiles, qu'un notaire et des héritiers ne laissent pas respirer, que les médecins assassinent dans son lit à leur aise, et à qui des prêtres barbares font avec art savourer la mort ? Pour moi je vois partout que les maux auxquels nous assujettissons la nature sont beaucoup moins cruels que ceux que nous y ajoutons.

III - LETTRE DE VOLTAIRE SUR « CANDIDE »

Ce texte, dont l'orthographe et la ponctuation sont ici modernisées, a été envoyé dès 1759 au *Journal encyclopédique,* publié à Liège, où avait paru, le 15 mars, un compte-rendu de *Candide*. Il ne fut publié qu'en juillet 1762, au plus fort d'une nouvelle campagne contre les Jésuites, qui aboutit, au mois d'août, à la suppression de la Compagnie, sur l'ordre du parlement de Paris.

Lettre* au sujet de *Candide*

Messieurs,

Vous dites dans votre journal du mois de mars qu'une espèce de petit roman intitulé *De l'Optimisme ou Candide* est attribué à un *nommé* M. de V... Je ne sais de quel M. de V... vous voulez parler ; mais je vous déclare que ce petit livre est de mon confrère M. Démad, actuellement capitaine dans le régiment de Brunswick ; et à l'égard de la prétendue royauté des jésuites dans le Paraguay, que vous appelez une misérable fable (1), je vous déclare

* N.B. Cette lettre a été égarée pendant longtemps ; et lorsqu'elle nous est parvenue, nous avons fait des recherches inutiles pour découvrir l'existence de M. Démad, capitaine dans le régiment de Brunswick. (*Note de Voltaire*).

(1) On lisait dans le compte-rendu de 1759 : « Nous ne suivrons pas l'auteur qui a calqué ici les folies qu'on a débitées au sujet de la royauté qu'on prétend que les jésuites possédent au Paraguay » et : « Nous désirerions que l'auteur [...] n'eût point adopté la misérable fable du Paraguay ».

à la face de l'Europe que rien n'est plus certain ; que j'ai servi sur un des vaisseaux espagnols envoyés à Buenos-Aires en 1756, pour mettre à la raison la colonie voisine du Saint-Sacrement (2) ; que j'ai passé trois mois à l'Assomption (3) ; que les jésuites ont, de ma connaissance, vingt-neuf provinces qu'ils appellent leurs Réductions, et qu'ils y sont les maîtres absolus au moyen de huit réales par tête qu'ils payent au gouverneur de Buenos-Aires pour chaque père de famille, et encore ne payent-ils que pour le tiers de leurs cantons. Ils ne souffrent pas qu'aucun Espagnol reste plus de trois jours dans leurs Réductions. Ils n'ont jamais voulu que leurs sujets apprissent la langue castillane. Ce sont eux seuls qui font faire l'exercice des armes aux Paraguains ; ce sont eux seuls qui les conduisent. Le jésuite Tomas Verle, natif de Bavière, fut tué à l'attaque de la ville du Saint-Sacrement (4), en montant à l'assaut à la tête des Paraguains, en 1737 et non pas en 1735, comme le dit je jésuite Charlevoix (5), auteur aussi insipide que mal instruit. On sait comment ils soutinrent la guerre contre Don Antequera ; on sait ce qu'ils ont tramé en dernier lieu contre la couronne du Portugal (6), et comment ils ont bravé les ordres du Conseil de Madrid.

(2) En fait, à la date de 1756, des capitaux appartenant à Voltaire avaient participé à l'armement d'un navire qui transportait des troupes espagnoles pour combattre les jésuites du Paraguay.

(3) Ascencion, capitale du Paraguay.

(4) Saint-Sacrement, l'une des villes, situées dans les missions des jésuites, que l'Espagne devait transférer au Portugal.

(5) Dans l'*Histoire du Paraguay* (Paris, 1756).

(6) Allusion à l'attentat du 3 septembre 1758 contre le roi du Portugal (voir *Précis du siècle de Louis XIV*, chap. 38).

Ils sont si puissants qu'ils obtinrent de Philippe V, en 1743, une confirmation de leur puissance qu'on ne pouvait leur ôter. Je sais bien, Messieurs, qu'ils n'ont pas le titre de roi, et par là on peut excuser ce que vous dites de la misérable fable de la royauté du Paraguay. Mais le dey d'Alger n'est pas roi, et n'en est pas moins maître. Je ne conseillerais pas à mon frère le capitaine de faire le voyage du Paraguay sans être le plus fort.

Au reste, Messieurs, j'ai l'honneur de vous informer que mon frère le capitaine, qui est le Loustik** du régiment, est un très bon chrétien, qui en s'amusant à composer le roman de *Candide* dans son quartier d'hiver a eu principalement en vue de convertir les sociniens. Ces hérétiques ne se contentent pas de nier hautement la Trinité et les peines éternelles, ils disent que Dieu a nécessairement fait de notre monde le meilleur des mondes possibles, et que tout est bien. Cette idée est manifestement contraire à la doctrine du péché originel. Ces malheureux oublient que le serpent, qui était le plus subtil des animaux, séduisit la femme tirée de la côte d'Adam ; qu'Adam mangea de la pomme défendue ; que Dieu maudit la terre qu'il avait bénite : *Maledicta terra in opere suo ; in laboribus comedes*. Ignorent-ils que tous les pères sans en excepter un seul ont fondé la religion chrétienne sur cette malédiction prononcée par Dieu même, dont nous ressentons continuellement les effets ? Les sociniens affectent d'exalter la Providence, et ils ne voient pas que nous sommes des coupables tourmentés, qui devons avouer nos fautes et notre punition. Que ces hérétiques se gardent

** Mot allemand qui signifie joyeux. (*Note de Voltaire)*. Ce mot allemand s'écrit *lustig*. On n'en connaît pas d'emploi antérieur en français, où la graphie *loustic* a prévalu.

de paraître devant mon frère le capitaine : il leur ferait voir si tout est bien.

Je suis, Messieurs, votre très humble et très obéissant serviteur DÉMAD.

A Zastrou, le 1er avril 1759.

P.S. Mon frère le capitaine est l'intime ami de M. Ralph, professeur assez connu dans l'Académie de Francfort-sur-l'Oder, qui l'a beaucoup aidé à faire ce profond ouvrage de philosophie, et mon frère a eu la modestie de ne l'intituler que traduction de M. Ralph (7), modestie bien rare chez les auteurs.

(7) Toutes les éditions portaient sous le titre : « traduit de l'allemand de M. le Docteur Ralph ».

BIBLIOGRAPHIE

I - ÉTUDES GÉNÉRALES SUR VOLTAIRE ET SUR SES CONTES

– Lanson (Gustave). *Voltaire.* Hachette, 1905. Edition revue et mise à jour en 1960 par R. Pomeau.
– Naves (Raymond). *Voltaire, l'homme et l'œuvre.* Boivin, 1942. Edition mise à jour par J. Fabre et R. Pomeau (collection Connaissance des Lettres, Hatier, 1966).
– Pomeau (René). *Voltaire par lui-même.* Seuil, 1955.
La Religion de Voltaire. Nizet, 1956.
La Politique de Voltaire. Colin, 1963.
« Voltaire conteur : masques et visages ». *L'Information littéraire,* janvier-février 1961.
– Van den Heuvel (Jacques). *Voltaire dans ses contes. De « Micromégas » à « l'Ingénu ».* Colin, 1967.
– Mason (Haydn). *Voltaire, a biography.* Londres, Granada, 1981.

II - ÉDITIONS GLOBALES DES CONTES

– Voltaire. *Romans et Contes.* Chronologie, préface et notes par René Pomeau. Garnier-Flammarion (G./F), 1966. C'est, pour l'usage courant, l'édition la plus pratique.
Romans et Contes (choix de dix textes, dont *Micromégas, Candide* et *L'Ingénu).* Introduction et notes par Roger Pagosse. Illustrations originales par Jacques Poirier. Imprimerie Nationale, collection Lettres Françaises, 1978, 2 vol.
Romans et Contes. Edition établie par Frédéric Deloffre et Jacques Van den Heuvel. Gallimard, Bibliothèque de la Pléiade, 1979.

III - MICROMÉGAS

ÉDITION CRITIQUE

– Voltaire. *Micromégas. A study in the fusion of Science, Myth and Art.* Edition critique par Ira O. Wade. (Etude et Notes en anglais). Princeton University Press, 1950.

IV - CANDIDE

A - ÉDITIONS CRITIQUES

– Voltaire. *Candide ou l'Optimisme.* Edition critique par André Morize. Paris, 1913. Réimpr. 1931 et 1957 (Librairie Marcel Didier).
– Voltaire. *Candide ou l'Optimisme.* Edition critique par René Pomeau. Nizet, 1959. Réimpr. 1979.
– Voltaire. *Candide ou l'Optimisme.* Edition critique par René Pomeau. The Voltaire Foundation, Taylor Institution, Oxford, 1980. Dans le cadre des *Oeuvres complètes de Voltaire* (t. 48).

B - ÉDITIONS FRANÇAISES COMMENTÉES

– Voltaire, *Candide ou l'Optimisme.* Texte commenté par André Magnan. Bordas, 1969.
– Voltaire. *Candide.* Texte commenté par Paul Vernière. Librairie Marcel Didier, 1972.

C - ÉTUDES D'ENSEMBLE

– Barber (William H.). *Voltaire : « Candide ».* Londres, 1960.
– Bottiglia (William F.). *Voltaire's «Candide» : analysis of a classic*, Studies on Voltaire, 1959 ; édition révisée, 1964.
– Sareil (Jean). *Essai sur «Candida»*, Genève, 1967.

– Gaillard (Pol). *« Candide ». Voltaire. Analyse critique.* Collection « Profil d'une œuvre », Hatier, 1972.

D - QUELQUES ÉTUDES PARTICULIÈRES

1. Genèse, filiation.

– Barber (William H.). *Leibniz in France from Arnauld to Voltaire : a study in French reactions to leibnizianism.* Oxford, 1955.
– Leigh (Ralph A.). « From the *Inégalité* to *Candide* : notes on a desultory dialogue between Rousseau and Voltaire (1755-1759). » Dans *The Age of the Enlightenment, studies presented to Theodore Besterman,* Edimbourg et Londres, 1967.
– Sareil (Jean). « De *Zadig* à *Candide,* ou permanence de la pensée de Voltaire ». *Romanic Review,* décembre 1961.

2. Sources historiques.

– Rousseau (André M.). « En marge de *Candide.* Voltaire et l'affaire Byng ». *Revue de littérature comparée,* avril-juin 1960.
– Barber (William H.). « L'Angleterre dans *Candide* ». *Revue de littérature comparée,* avril-juin 1963.
– Göker (Cemil). *La Turquie dans les romans et contes de Voltaire.* Publications de la Faculté des Lettres d'Ankara, 1971.
– Decobert (Jacques). « Les missions jésuites au Paraguay devant la philosophie des lumières ». *Revue des sciences humaines,* janvier-mars 1973.
– Rouben (C.). « La ville de Constantinople et le dénouement de *Candide* ». *Lettres romanes,* 1978.

3. Idéologie.

– Goldzink (Jean). « Roman et idéologie dans *Candide* : le jardin ». *La Pensée,* février 1971.
– Barny (Roger). « A propos de l'épisode de l'Eldorado dans *Candide* (littérature et idéologie) ». *Annales littéraires de l'Université de Besançon,* 1973.
– Pomeau (René). « Candide entre Marx et Freud ». *Studies on Voltaire and the eighteenth century.* The Voltaire Foundation, Oxford, 1972. (Tome 89).

4. Thématique

– Coulet (Henri). « La candeur de *Candide* ». *Annales de la Faculté des lettres et sciences humaines d'Aix,* 1960.
– Pappas (John N.). « Voltaire and the problem of evil ». *L'Esprit créateur,* The University of Kansas, Lawrence, Kansas, 1963.
– Bertrand (Marc). « L'amour et la sexualité dans *Candide* ». *French Review,* mai 1964.
– Naudin (Pierre). « *Candide* ou le bonheur du non-savoir ». *Mélanges offerts au professeur J.-A. Vier,* Paris, 1973.

5. Structures, style.

– Danahy (Michael). « The nature of narrative forms in *Candide* ». *Studies on Voltaire and the eighteenth century,* Oxford, 1973, t. 119.
– Göker (Cemil). *Comique, ironie et humour dans « Candide » de Voltaire.* Université d'Ankara, 1965.
– Starobinski (Jean). « Sur le style philosophique de Voltaire ». *La Revue des belles-lettres,* Genève, 1977.

V - L'INGÉNU

A - ÉDITION CRITIQUE

– Voltaire. *L'Ingénu. Histoire véritable.* Edition critique par William R. Jones, Droz, 1936. Réimpr. 1957 (Droz, Genève, et Minard, Paris).

B - QUELQUES ARTICLES

– Meyer (E.). « Une source de *L'Ingénu* : les voyages du baron de Lahontan ». *Revue de littérature comparée,* 1929-1930.
– Nivat (Jean). « *L'Ingénu* de Voltaire, les jésuites et l'affaire La Chalotais ». *Revue des sciences humaines,* 1952.
– Mason (Haydn R.). « The Unity of Voltaire's *L'Ingénu* »*: The Age of the Enlightenment...*, 1967.
– Taylor (Samuel S.B.). « Voltaire's *L'Ingénu,* the Huguenots and Choiseul ». *Ibid.*
– Alcover (Madeleine). « La casuistique du père Tout à tous et les *Provinciales* ». *Studies on Voltaire...*, 1971 (Tome 81).
– Levy (Zvi). « *L'Ingénu* ou l'*Anti-Candide* ». *Ibid.*, 1980 (Tome 183).
– Pomeau (René). « Un *bon sauvage* voltairien : l'Ingénu ». *Studi di letterature francese*, VII, Firenze, 1981.

TABLE DES MATIÈRES

Indications préliminaires 5

Micromégas 7

I - Le problème de la date 9
A - Critique externe 9
B - Critique interne 13

II - La portée générale de « Micromégas » . 16

III - Les sources de « Micromégas » 22
A - Le thème des mondes habités 22
1. L'antiquité gréco-latine 23
2. L'ère des théologiens 23
3. Montaigne 24
4. L'ère des astronomes 24
5. L'âge des vulgarisateurs 25
6. L'attitude de Voltaire 27
B - Le thème de la relativité 30
C - La tradition du voyage imaginaire . 34

IV - Commentaire de détail 37
Chapitre premier 37
Chapitre II 49
Chapitre III 59
Chapitre IV 65
Chapitre V 74
Chapitre VI 80
Chapitre VII 90

Candide ou l'optimisme 113

I - De « Micromégas » à « Candide » 115
A - Le moment de *Zadig* (1747-1748) . 117
1. *Zadig ou la destinée* 117
2. *Le Monde comme il va, vision de Babouc* 122
3. *Memnon ou la sagesse humaine* . 124
B - Le moment de *Scarmentado* (1753-1755) 125
C - Le moment de *Candide* (1755-1758) 131

II - La rédaction de « Candide » 135

III - Les sources de « Candide » 139
A - La documentation historique et livresque 140
B - Les éléments autobiographiques . . . 150
1. L'actualité 151
2. Les souvenirs d'Allemagne 154
3. Les rancunes personnelles 156
4. Le goût littéraire 162
5. La culture du jardin 166

IV - La sagesse de « Candide » 166

V - L'art de « Candide » 188
A - Conduite générale du récit 189
B - Explication détaillée d'un fragment 196

L'Ingénu 207

I - De « Candide » à « L'Ingénu » 209

II - L'histoire de l'Ingénu 213

III - Sources livresques de « L'Ingénu » 217
A - Le prétexte exotique 218
B - Le cadre géographique 220
C - Les éléments historiques 221
D - Les références érudites 223
E - L'aventure romanesque 225
IV - Le pamphlet anti-jésuite 226

Documents 243
I - La pluralité des mondes 245
II - Le désastre de Lisbonne 247
III - Lettre de Voltaire sur « Candide » 254

Bibliographie 259

OUVRAGES PARUS DANS LA COLLECTION « LITTÉRATURE »

AMOSSY (R.). — Parcours symboliques chez Julien Gracq.

AMOSSY (R.) et ROSEN (E.). — Les Discours du cliché.

AUBAILLY (J.-C.). — **La farce de Maistre Pathelin** (Bibliothèque du Moyen Age).

AULOTTE (R.). — Montaigne : **Apologie de Raimond Sebond.**

BACQUET (P.). — Le **Jules César** de Shakespeare.

BARRÈRE (J. B.). — Le regard d'Orphée ou l'Echange poétique.

BARRÈRE (J. B.). — Claudel. Le destin et l'œuvre.

BAUMGARTNER (E.). — L'arbre et le pain. Essai sur la Queste del Saint-Graal (Bibliothèque du Moyen Age).

BORNECQUE (P.). — La Fontaine fabuliste (2e édition).

BOUILLIER (H.). — Portraits et miroirs : Retz, Saint-Simon, Chateaubriand, Michelet, les Goncourt, Proust, Léon Daudet, Jouhandeau.

BRUNEL (P.). — L'évocation des morts et la descente aux Enfers : Homère, Virgile, Dante, Claudel.

CASTEX (P.-G.). — Alfred de Vigny : **Les Destinées** (2e édition).

CASTEX (P.-G.). — **Le Rouge et le Noir,** de Stendhal (2e édition).

CASTEX (P.-G.). — **Sylvie,** de Gérard de Nerval.

CASTEX (P.-G.). — **Aurélia,** de Gérard de Nerval.

CASTEX (P.-G.). — **Les Caprices de Marianne,** d'Alfred de Musset.

CASTEX (P.-G.). — **On ne badine pas avec l'amour,** d'Alfred de Musset.

CASTEX (P.-G.). — Flaubert : **L'Education sentimentale.**

CAZAURAN (N.). — **L'Heptaméron,** de Marguerite de Navarre.

CELLIER (L.). — L'épopée humanitaire et les grands mythes romantiques.

CHOUILLET (J.). — Diderot.

COHEN (M.). — Le subjonctif en français contemporain.

COHEN (M.). — Grammaire française en quelques pages.

COIRAULT (Y.). — Saint-Simon, **Mémoires,** août 1715.

CRASTRE (V.). — A. Breton : Trilogie surréaliste. **Nadja, Les Vases communicants, L'Amour fou.**

DEDEYAN (Ch.). — L'Italie dans l'œuvre romanesque de Stendhal. — Tomes I et II.

DÉDÉYAN (Ch.). — J.-J. Rousseau et la sensibilité littéraire à la fin du XVIIIe siècle.

DÉDÉYAN (Ch.). — Gérard de Nerval et l'Allemagne. — Tomes I et II.

DÉDÉYAN (Ch.). — Le cosmopolitisme littéraire de Charles du Bos :
Tome I. — La jeunesse de Ch. du Bos (1882-1914).
Tome II. — La maturité de Ch. du Bos (1914-1927).
Tome III. — Le critique catholique ou l'humanisme chrétien.

DÉDÉYAN (Ch.). — Le nouveau mal du siècle de Baudelaire à nos jours.
Tome I. — Du post-romantisme au symbolisme (1840-1889).
Tome II. — Spleen, Révolte et Idéal (1889-1914).

DÉDÉYAN (Ch.). — Lesage et **Gil Blas.** Tomes I et II.

DÉDÉYAN (Ch.). — Racine : **Phèdre** (2e édition).

DÉDÉYAN (Ch.). — Le cosmopolitisme européen sous la Révolution et l'Empire. Tomes I et II.

DÉDÉYAN (Christian). — Alain-Fournier et la réalité secrète.

DELOFFRE (F.). — La phrase française (4e édition).

DELOFFRE (F.). — Le vers français (3e édition).

DELOFFRE (F.). — Stylistique et poétique françaises (3e édition).

DELOFFRE (F.). — Eléments de linguistique française.

DERCHE (R.). — Etudes de textes français :
Tome I. — Le Moyen Age.
— II. — Le XVIe siècle.
— III. — Le XVIIe siècle.
— IV. — Le XVIIIe siècle.
— V. — Le XIXe siècle.
— VI. — Le XIXe siècle et le début du XXe.

DONOVAN (L.-G.). — Recherches sur **Le Roman de Thèbes.**

DUFOURNET (J.). — La vie de Philippe de Commynes.

DUFOURNET (J.). — Les écrivains de la quatrième croisade. Villehardouin et Clari. Tomes I et II.

DUFOURNET (J.). — Recherches sur le **Testament** de François Villon. Tomes I et II (2e édition).

DUFOURNET (J.). — Adam de la Halle à la recherche de lui-même ou le jeu dramatique de la Feuillée.

DUFOURNET (J.). — Sur **Le jeu de la Feuillée** (Bibliothèque du Moyen Age).

DUFOURNET (J.). — Sur Philippe de Commynes. Quatre études. (Coll. Bibliothèque du Moyen Age.)

DURRY (Mme M.-J.). — G. Apollinaire, **Alcools.**
Tome I. — (4e édition).
— II. — (3e édition).
— III. — (3e édition).

ETIEMBLE (Mme J.). — Jules Supervielle-Etiemble : **Correspondance 1936-1959.** Edition critique.

FORESTIER (L.). — Chemins vers **La Maison de Claudine** et **Sido.**

FORESTIER (L.). — Pierre Corneille (2e édition).

FRAPPIER (J.). — Les Chansons de geste du Cycle de Guillaume d'Orange.

Tome I. — **La Chanson de Guillaume - Aliscans - La Chevalerie Vivien** (2e édition).

Tome II. — **Le couronnement de Louis - Le Charroi de Nîmes - La Prise d'Orange.**

FRAPPIER (J.). — Etude sur **Yvain ou le Chevalier au Lion** de Chrétien de Troyes.

FRAPPIER (J.). — Chrétien de Troyes et le Mythe du Graal. Etude sur Perceval ou le **Conte du Graal** (2e édition).

GARAPON (R.). — Le dernier Molière.

GARAPON (R.). — **Les Caractères** de La Bruyère. La Bruyère au travail.

GARAPON (R.). — Ronsard chantre de Marie et d'Hélène.

GARAPON (R.). — Le premier Corneille.

GRIMAL (P.). — Essai sur l'**Art poétique** d'Horace.

JONIN (P.). — Pages épiques du Moyen Age Français. Textes - Traductions nouvelles - Documents. **Le Cycle du Roi.** Tomes I (2e édition) et II.

LABLÉNIE (E.). — Essais sur Montaigne.

LABLÉNIE (E.). — Montaigne, auteur de maximes.

LAINEY (Y.). — Les valeurs morales dans les écrits de Vauvenargues.

LAINEY (Y.). — Musset ou la difficulté d'aimer.

LARTHOMAS (P.). — Beaumarchais. **Parades.**

LE HIR (Y.). — L'originalité littéraire de Sainte-Beuve dans **Volupté.**

LE RIDER (P.). — Le Chevalier dans le **Conte du Graal** de Chrétien de Troyes (Coll. Bibliothèque du Moyen Age).

MARRAST (R.). — Aspects du théâtre de Rafaël Alberti.

MESNARD (J.). — Les **Pensées de Pascal.**

MICHEL (P.). — Continuité de la sagesse française (Rabelais, Montaigne, La Fontaine).

MICHEL (P.). — Blaise de Monluc.

MILNER (M.). — Freud et l'interprétation de la littérature.

MOREAU (F.). — L'Image littéraire.

MOREAU (F). — Un aspect de l'imagination créatrice chez Rabelais.

MOREAU (P.). — **Sylvie** et ses sœurs nervaliennes.

MOUTOTE (D.). — Egotisme français moderne.

MOZET (N.). — La ville de province dans l'œuvre de Rabelais.

PAYEN (J.-Ch.). — Les origines de la Renaissance.

PICARD (R.). — La poésie française de 1640 à 1680. « Poésie religieuse, Epopée, Lyrisme officiel » (2e édition).

PICARD (R.). — La poésie française de 1640 à 1680. « Satire, Epître, Poésie burlesque, Poésie galante ».
PICOT (G.). — La vie de Voltaire. Voltaire devant la postérité.
RAIMOND (M.). — Le Signe des temps. **Le roman contemporain français.**
RAYNAUD DE LAGE (G.). — Introduction à l'ancien français (11e édition).
ROBICHEZ (J.). — Le théâtre de Montherlant. **La Reine morte, Le Maître de Santiago, Port-Royal.**
ROBICHEZ (J.). — Le théâtre de Giraudoux.
ROBICHEZ (J.). — **Gravitations** de Supervielle.
ROBICHEZ (J.). — Verlaine entre Rimbaud et Dieu.
ROBICHEZ (J.). — Sur Saint-John Perse.
ROSSUM-GUYON (sous la direction de F. van). — Balzac et **Les Parents pauvres.**
SAULNIER (V.-L.). — Les élégies de Clément Marot (2e édition).
SAULNIER (V. L.). — Rabelais.
Tome I. — Le **Quart** et le **Cinquième Livre.**
Tome II. — **La Sagesse de Gargantua.**
SOCIÉTÉ DES ÉTUDES ROMANTIQUES. — Histoire et langage dans **L'Education sentimentale** de Flaubert.
SOCIÉTÉ DES ÉTUDES ROMANTIQUES. — Nouvelles recherches sur **Bouvard et Pécuchet** de Flaubert.
SOCIÉTÉ DES ÉTUDES ROMANTIQUES. — Relire **Les Destinées** d'Alfred de Vigny.
SOCIÉTÉ DES ÉTUDES ROMANTIQUES. — Balzac et **La Peau de Chagrin.**
THERRIEN (M.-B.). — **Les Liaisons dangereuses.** Une interprétation psychologique des trois principaux caractères.
TISSIER (A.). — **Les Fausses Confidences** de Marivaux.
VERNIÈRE (P.). — Montesquieu et **L'Esprit des lois** ou la Raison impure.
VIAL (A.). — La dialectique de Chateaubriand.
VIER (J.). — Le théâtre de Jean Anouilh.
WAGNER (R.-L.). — La grammaire française.
Tome I. — Les niveaux et les domaines. Les normes. Les états de langue.
Tome II. — La grammaire moderne. Voies d'approche. Attitudes des grammairiens.
WEBER (J.-P.). — Stendhal : les structures thématiques de l'œuvre et du destin.

Composé par C.D.U. et SEDES
Imprimerie JOUVE, 18, rue Saint-Denis, 75001 Paris
N° d'éditeur : 957 — N° 10339 — Dépôt légal : Septembre 1982